中国软科学研究丛书

丛书主编：张来武

"十一五"国家重点图书出版项目
国家软科学研究计划资助出版项目

传统产业转型升级
理论与政策研究

汤吉军　著

科学出版社
北京

内 容 简 介

本书通过打破传统新古典经济学完全竞争市场条件下资源充分流动这一假设前提，引入沉淀成本概念来研究传统产业转型升级问题。尤其是以自然资源型产业为例，一方面较为全面地阐述沉淀成本的概念、性质和特征，另一方面具体阐述沉淀成本对传统产业转型升级造成的障碍及解决原理。同时，本书以东北地区资源型产业转型为例，具体阐述产业转型与可持续发展的关系，并结合国外经验提出制度安排，具有一定的理论意义和现实意义。

本书可为理论经济学者、企业和政府相关人员研究和解决产业转型问题提供一定的参考。

图书在版编目(CIP)数据

传统产业转型升级理论与政策研究/汤吉军著．—北京：科学出版社，2014
（中国软科学研究丛书）
ISBN 978-7-03-041073-3

Ⅰ．①传… Ⅱ．①汤… Ⅲ．①传统产业—产业结构升级—研究—中国 Ⅳ．①F12

中国版本图书馆 CIP 数据核字（2014）第 127764 号

丛书策划：林　鹏　胡升华　侯俊琳
责任编辑：石　卉　王昌凤/责任校对：彭　涛
责任印制：徐晓晨/封面设计：黄华斌　陈　敬
编辑部电话：010-64035853
E-mail：houjunlin@mail. sciencep. com

科学出版社 出版
北京东黄城根北街 16 号
邮政编码：100717
http://www.sciencep.com
北京凌奇印刷有限责任公司 印刷
科学出版社发行　各地新华书店经销
*

2014 年 8 月第　一　版　开本：720×1000 1/16
2019 年 1 月第三次印刷　印张：10
字数：190 000
定价：68.00 元
（如有印装质量问题，我社负责调换）

总 序 ....▶

  软科学是综合运用现代各学科理论、方法,研究政治、经济、科技及社会发展中的各种复杂问题,为决策科学化、民主化服务的科学。软科学研究是以实现决策科学化和管理现代化为宗旨,以推动经济、科技、社会的持续协调发展为目标,针对决策和管理实践中提出的复杂性、系统性课题,综合运用自然科学、社会科学和工程技术的多门类多学科知识,运用定性和定量相结合的系统分析和论证手段,进行的一种跨学科、多层次的科研活动。

  1986年7月,全国软科学研究工作座谈会首次在北京召开,开启了我国软科学勃兴的动力阀门。从此,中国软科学积极参与到改革开放和现代化建设的大潮之中。为加强对软科学研究的指导,国家于1988年和1994年分别成立国家软科学指导委员会和中国软科学研究会。随后,国家软科学研究计划正式启动,对软科学事业的稳定发展发挥了重要的作用。

  20多年来,我国软科学事业发展紧紧围绕重大决策问题,开展了多学科、多领域、多层次的研究工作,取得了一大批优秀成果。京九铁路、三峡工程、南水北调、青藏铁路乃至国家中长期科学和技术发展规划战略研究,软科学都功不可没。从总体上看,我国软科学研究已经进入各级政府的决策中,成为决策和政策制定的重要依据,发挥了战略性、前瞻性的作用,为解决经济社会发展的重大决策问题作出了重要贡献,为科学把握宏观形势、明确发展战略方向发挥了重要作用。

20 多年来，我国软科学事业凝聚优秀人才，形成了一支具有一定实力、知识结构较为合理、学科体系比较完整的优秀研究队伍。据不完全统计，目前我国已有软科学研究机构 2000 多家，研究人员近 4 万人，每年开展软科学研究项目 1 万多项。

为了进一步发挥国家软科学研究计划在我国软科学事业发展中的导向作用，促进软科学研究成果的推广应用，科学技术部决定从 2007 年起，在国家软科学研究计划框架下启动软科学优秀研究成果出版资助工作，形成"中国软科学研究丛书"。

"中国软科学研究丛书"因其良好的学术价值和社会价值，已被列入国家新闻出版总署"'十一五'国家重点图书出版规划项目"。我希望并相信，丛书出版对于软科学研究优秀成果的推广应用将起到很大的推动作用，对于提升软科学研究的社会影响力、促进软科学事业的蓬勃发展意义重大。

科技部副部长

2008 年 12 月

党的十七大报告和十七届三中全会报告中提出，实现传统产业转型升级、发展战略性新兴产业，是落实科学发展观和创建和谐社会的重要体现，也是经济理论界和政府部门的重要研究课题之一，具有重大的理论意义与实践意义。

自然资源型产业的许多基础设施投资都具有专用性，矿工的人力技能和知识更是具有高度专用性，这都会产生大量的沉淀成本。因此，本书从自然资源型产业组织的微观经济分析入手，通过引入沉淀成本概念（这一概念与资产专用性、不可逆投资、承诺成本概念有关）来研究自然资源型产业转型障碍及其制度创新原则问题。

从经济理论上看，本书从沉淀成本角度探讨市场失灵问题，对自然资源型产业组织进行微观经济分析，特别是突出交易成本和机会主义等人为因素的影响，从理论与实证方面来验证沉淀成本对自然资源型产业转型绩效的影响，开辟了一种新的研究方法。

从实践指导上看，沉淀成本及由此产生的各类成本，是阻碍自然资源型产业转型的客观条件。为了加速自然资源型产业转型进程，政府制定政策的基本原则在于补偿或降低沉淀成本，其中包括界定产权、财政政策和金融政策等，寻找沉淀成本补偿机制，培养再生产能力，为自然资源型产业转型提供政策依据和制度保障，从而保证资源型产业经济稳定，乃至为资源枯竭地区可持续发展做出贡献。这再次突出了制度创新的重要性。

本书的基本结构如下。

第一章：引论

主要包括问题的提出及相关文献综述，为后面的研究提供理论创新基础。

第二章：传统产业转型升级的一般理论模型

主要包括区分有无沉淀成本对经济转型的影响，分析沉淀成本的影响因素。

第三章：自然资源型产业的特点、现状及存在的问题

通过收集资料、全面调查和实地调研，阐述自然资源型产业的特点、现状、存在的问题，以及其转型升级的基本经济变量。

第四章：以东北地区自然资源型产业转型为例的研究

包括自然资源型产业的沉淀成本形成和类别，并从沉淀成本角度阐述其路径依赖的内在机理和发展趋势，提出转型升级悖论。

第五章：国外自然资源型产业转型的经验及启示

通过对英、美、德、日等国传统产业转型升级过程的分析寻找影响自然资源型产业转型绩效的因素，并总结经验。

第六章：促进自然资源型产业可持续发展的制度安排

主要包括完善市场制度、非市场制度，实施合理的产业政策、财政政策和金融政策等，以及建立相应的预警系统与补偿机制。

第七章：结论及展望

需要将沉淀成本、交易成本和信息不完全等理论综合起来加以应用，才能更加全面和深刻。

目 录 ‥‥‥‥‥‥‥‥‥‥‥‥‥‥▶ CONTENTS

引　论

第一章

● 一　问题的提出

　　就我国当前的情况来说，自然资源型产业是传统产业的一部分，也是促进经济增长的关键因素。一般认为，良好的资源禀赋，尤其是丰富的矿产资源是工业化的基础和经济发展的"引擎"，对自然资源的快速开发是经济增长和经济发展的催化剂（Sachs and Warner，1995）。然而，20世纪60年代以后，人们的看法逐渐发生变化。欧美部分老工业基地沦为"问题区域"。20世纪70~80年代发达国家与发展中国家相继出现"荷兰病"——某种自然资源价格上升，导致初级产品部门出口异常繁荣，而其他产品部门衰落。20世纪90年代又发现资源丰裕度与经济增长之间存在负相关关系——资源丰裕的地区或国家出现经济增长缓慢、贸易条件恶化，乃至有增长无发展等诸多现象，一些经济学家提出了"资源诅咒"问题（Auty，1993，1995，2001）。以上理论都是以市场经济为基本背景，采用经济地理学或发展经济学方法研究得出的（Krugman，1987；Clark，1993），很少看到微观经济因素的影响。

　　在我国计划经济体制时期，一些地区伴随着资源的大规模开发相继兴起。随着市场经济体制的逐步深入，自然资源型产业所有权结构单一，产业结构单一，主导产业衰退，已经成为突出的社会问题。本书借鉴国外自然资源型产业转型研究成果，发现我国自然资源型产业主要表现出体制转型与财力有限的矛盾、产业结构单一与综合经济发展的矛盾、市场化先天不足与发展市场经济的矛盾、以矿山企业为主体的区域封闭与对外开放的矛盾、环境质量下降和生态恶化与城市人居环境改善的矛盾、职工下岗失业人数增加群众生活困难与社会稳定的矛盾等，这使得自然资源型产业转型异常艰难。

　　国内现有的对资源枯竭问题的研究主要体现在三方面：①国内大多数学者遵循新古典资源经济学原理，着眼于资源定价、管理、核算，以及自然资源与经济增长的关系等（徐康宁和王剑，2006），而忽略了经济转型的交易成本和风险因素问题，很少涉及产业转型问题；②即使研究了产业转型问题，也大多依据新古典资源经济学（林毅夫等，1993；陈平，2006），而忽略了自然资源型产业转型的特殊性和自然资源型产业的政策性负担与比较优势战略问题（林毅夫，

2012），更没有进行自然资源型产业组织的微观经济分析，看不到风险、交易成本和产权等人为因素对自然资源型产业转型的影响，这是现有研究的重要缺陷；③现有研究大多注重案例研究，而缺乏实证分析，很少从微观经济理论层面考察自然资源型产业的转型过程，也无法从资源稀缺角度考察它的特殊性，更看不到自然资源型产业的资产性质对产业转型的影响。

从产业转型现实看，相对于非自然资源型产业，为什么自然资源型产业转型异常艰难？自然资源型产业客观的历史、地理环境如何约束了它？政府的政策究竟应该偏重什么，其依据是什么？虽然国家给予了自然资源型产业大量的财政补贴，设立了众多投资项目，但结果却不尽如人意，不仅经济绩效不理想，而且陷入"项目怪圈"之中难以自拔。更为现实的是，自然资源型产业往往成为地方政府与中央政府博弈的砝码，从而削弱了中央政府的谈判地位，使产业转型更加艰难。这不得不使我们重新反思现有的新古典经济学的理论前提，以及相应的经济政策取向。

所谓资源，是指在一定的社会历史条件下存在的、能够为人类开发利用、在社会经济活动中经由人类劳动而创造出的财富或资产的各种要素的总称。

资源有狭义与广义之分。狭义的资源是指自然资源，但人类所赖以生存的自然界并不都是自然资源，只有在一定的科学技术水平下，有可能被利用来增加人类福利的自然物，才构成自然资源，如阳光、空气、水、土地、森林、草原、动物、矿藏等。随着社会发展和技术进步，人类的活动范围越来越广，资源的外延也在不断地拓展，资源的概念被泛化了。广义的资源不仅包括自然资源，还包括人力资源、科技资源、经济资源、文化资源、智力资源、信息资源等许多的社会资源。根据联合国环境规划署的定义，自然资源是指在一定时间、地点的条件下能够产生经济价值，能提高人类当前和未来福利的自然环境因素和条件；社会资源包括人力资源、信息资源，以及经过劳动所创造出来的物质财富。由此可见，资源是一个内容涵盖广泛并且在不断发展变化的概念。

自然资源的种类繁多，可以从不同的角度进行分类，为了合理开发利用自然资源，就需要认识和掌握各种自然资源的特性。根据其发生、形成的起源和固有特征划分，自然资源可分为耗竭性资源（如各种矿藏资源）和非耗竭性资源（如太阳能、风能等）。耗竭性资源，按其是否可再生（更新）又分为可再生资源（renewable resources）和不可再生资源（nonrenewable resources）。可再生资源是可以用自然力保持或增加蕴藏量的自然资源。可再生资源在合理利用的前提下，可以实现自身的再生产。不可再生资源是不能利用自然力增加蕴藏量的自然资源。由于不具备自我繁殖能力，不可再生资源的初始禀赋是固定的，用一点就少一点。某一时点的任何使用，都会使以后时点可供使用的资源量减少。不可再生资源，按其能否重复利用，又可进一步划分为可重复利用资源和不可重复利用资源。例如，人们以铁矿石等金属矿为原料来冶铁、炼钢、轧材、制器，再以钢铁为原料制成各种机器、金属制品等，这些制成品在使用报废后，还能被回炉重新冶炼成钢铁，故称其为可重复利用资源；而煤炭、石油、天然气等资源，无论是作为燃料还是化工原料使用后，一般来说都不能再恢复成煤炭、石油、天然气等，故称其为不可重复利用资源。

社会资源是人类在生产活动和商品流通过程中所创造出来的物质财富和精神财富的总称。社会资源一般可分为四大类：人力资源、科技资源、经济资源和文化资源。

自然资源型产业是指以当地不可再生的自然资源的开采及其初加工业为支柱的产业。这里的不可再生资源主要包括各种矿产资源、石油资源等，相应的自然资源型产业即指矿产资源、石油资源的开采业，以及与此相关的钢铁、化工等对资源进行初加工的行业。这里需要特别指出一点，虽然森林资源是可再生资源，但由于其可再生的时间过长，从这个意义上说，我们将其视为不可再生资源，即林业也被认为是自然资源型产业。

由于资源生产的时限性和资源有限性的约束，自然资源型产业从发展到最终走向衰亡是一种不可逆转的趋势。在资源型城市发展过程中，人们常常因为开发资源所获得的效益而忽视了城市的可持续发展，城市产业布局比较初级，产业结构比较简单，产业发展表现出较强的刚性。资源开发到一定程度后的路径依赖弊端逐步显露出来：资源面临枯竭、经济发展滞后、生态环境恶化、结构性失业严重等，严重影响到当地的经济发展和人民生活。在充分借鉴国外相关经验和考虑立足本国实际的基础上，本书对以下问题进行思考：为什么有些自然资源型产业转型成功，有些却失败了？为什么曾经占地区主导的单一自然资源型产业没有带来可持续发展？不同区域和不同类型的自然资源型产业是否有不同的发展路径？自然资源型产业转型升级的微观经济基础是什么？怎样实现资源型产业的可持续发展？

二 理论意义

在理论层面上，本书力图从微观或产业组织理论上给出自然资源型产业与可持续发展之间关系的理论解释，突破新古典经济学完全竞争市场经济模型，引入沉淀成本（sunk cost）、交易成本和风险等；探讨自然资源型产业的发展规律及与相关产业的内在联系；探讨政府和市场在自然资源型产业转型和资源产业发展中的作用与角色，以及如何促进可持续发展。本书的学术价值主要体现在以下几方面。

第一，探索自然资源型产业经济转型和可持续发展的客观规律与实现条件。

资源的开发一般经历四个阶段，即前期开发、增产期、稳产期和衰退期。资源开发的这一特点决定了资源型城市产业转型或发展接续产业的必要性。通过沉淀成本理论研究资源型城市可持续发展的客观规律与实现条件，对丰富区域经济发展和可持续发展理论具有重要的理论意义。

第二，运用经济学原理研究自然资源型经济转型的绩效，为政府制定政策提供一种指导。由于历史和国情的差异，我国自然资源型产业的形成、发展和现实状况具有明显不同于西方发达国家的特点，其转型面临的困难也更为突出，照搬国外的做法将难以奏效。本书从研究转型绩效入手，可操作性强，这一点对研究自然资源型产业转型意义重大。

第三，丰富和发展中国特色自然资源型产业可持续发展理论。促进自然资源型产业转型与可持续发展政策是在体制转型和工业化进程中实施的，其矛盾更为尖锐，问题更为复杂，解决难度更大。本书以市场经济为背景，运用沉淀成本理论研究产业演进的规律、资源补偿机制和衰退产业的援助机制，探索中国特色自然资源型产业转型和发展接续产业的新路子，尤其是在根本不确定性（fundamental uncertainty）条件下，而不是可计算的风险（不确定性）条件下，探索工业化过程中如何实现人口、资源与环境协调发展，具有重要的理论意义。

三　现实意义

党的十七大提出，要继续实施区域发展总体战略，深入推进西部大开发，全面振兴东北地区等老工业基地，并从建设生态文明，基本形成节约能源资源和保护生态环境的产业结构、增长方式和消费模式，转变经济发展方式，从制度上更好地发挥市场在资源配置中的基础性作用，努力建设科学合理的能源资源利用体系，引导生产要素跨区域合理流动等多个方面为资源型城市发展接续产业指明了方向。

在实践层面，本书注重探索具有中国特色的自然资源型产业经济转型和可持续发展的有效途径，探索具有中国特色的资源补偿机制和衰退产业援助机制等问题，具有较强的现实意义。

第一，通过对自然资源型产业转型问题的研究，探索提升自然资源型产业竞争力的途径、寻找新的经济增长点，探索经济增长与环境保护相统一的新的经济增长方式（而且投入少、见效快），为国民经济可持续发展注入新的活力，这不仅有利于促进经济、社会的协调发展，而且有利于维护全社会的稳定和国家安全。

第二，随着人口的激增与经济规模的不断扩大，人类对煤炭、石油等能源的需求量日益增长，能源的无限开采与使用对自然环境造成了严重的负面影响，最严重的当属全球气候变暖。近年来世界各地异常气候频发，如旱灾、洪涝、台风，给人类带来日益严重的灾难与危机。此外，煤炭、石油等能源资源具有稀缺性，难以持续地满足人类日益增长的需求，面临着严重枯竭困境。当前87%以上的商品能源是不可再生能源，尤其是石油，在未来几十年内即有枯竭的危险。因此，降低能源消耗、提高资源利用效率、减少温室气体排放迫在眉睫，是全球面临的重大挑战。随着国内外形势的迅速变化，原有的资源消费模式的弊端日益显现，社会、经济、环境之间的矛盾日益尖锐，严重威胁到了和谐社会的构建。因此，有必要根据我国国情，借鉴世界先进国家与地区的有益经验，走一条符合经济发展规律、有中国特色的可持续发展之路，促进经济发展方式向更高层次迈进。

第三，低碳经济是以低能耗、低污染、低排放、高效能、高效率、高效益为特征的经济发展方式，它以可持续发展理念为指导思想，强调对碳开发与使用的约束，实现手段是技术革新、制度创新、观念转变、产业结构调整、新能源开发与利用等，目的是尽可能地降低煤炭、石油等高碳能源的消耗，减少温室气体排放，实现资源节约与环境友好，促进经济社会发展与生态环境保护的协调发展，是人类继农业文明、工业文明之后又一次重大的进步。从世界范围看，为了应对全球气候变化与能源枯竭，各国纷纷出台相关的政策措施，大力发展新型经济形态——低碳经济。对于中国而言，发展低碳经济，既顺乎世界经济的发展潮流，又合乎本国国情，是全面贯彻落实科学发展观、实现自然资源型产业可持续发展、构建和谐社会的题中应有之义与必由之路。

四 创新之处

沉淀成本是指已经付出且不可收回的成本，并且只是适用于特定的用途，转为他用价值低微或者毫无价值。威廉姆森（Williamson，1975，1985）和克莱因等（Klein et al.，1978）提出资产专用性概念创建了交易成本经济学，内生地解释组织的建立。后来鲍莫尔等（Baumol et al.，1988；Baumol and Willig，1981）创建了可竞争市场理论，突出沉淀成本及由此产生的经济问题。本书在现有沉淀成本相关论述的基础上，以沉淀成本概念作为切入点，将它应用到自然资源型产业转型的政策研究方面，结合沉淀成本、交易成本、产权、市场结构等，考察产业转型绩效与经济政策效率之间的关系。

概括地说，经济学包括三个方面或者具有三种功能：极力理解经济是如何运转的；提出改进的建议并证明衡量改革的标准是正当的；断定什么是可取的，这个标准必定涉及道德和政治判断（琼·罗宾逊和约翰·伊特韦尔，1997）。任何理论的结论都是基于其假设得出的，如果其假设远离现实的话，那么建立在这种理论模型基础上的政策也就无所适从了。所以，当一个理论的预测与很多事实不符，并且无法为重要的经济现象提供解释时，就需要对理论模型进行创新，以适应新的经济发展需要。本书具有以下特点。

(1) 研究方法新。在综合产业组织理论、新制度经济学和博弈论等理论与方法的基础上，本书引入沉淀成本理论统筹整个研究过程，使最终的研究成果中心突出、浑然一体。同时，由于资源型城市的转型和发展不仅是一种经济现象，也是一种社会现象，不仅是经济学问题，还是社会学、环境科学的问题，提出经济性沉淀成本、体制性沉淀成本、社会性沉淀成本和生态性沉淀成本等概念，可以为自然资源型产业经济转型和可持续发展提供微观经济分析思路，摆脱无摩擦的完全竞争市场模型，将沉淀成本与不确定性联系起来，创建一个新发展经济学（new development economics）框架，使本书的最终成果更加全面、透彻。

(2) 研究思路新。本书紧紧抓住经济全球化这个大背景，以消除自然资源型产业经济转型的沉淀成本为主线，最终实现自然资源型产业的可持续发展。尽管企业和政府都进行了大量投资，但因忽略了沉淀成本和不确定性，很容易造成产业结构的脆弱性和单一性，极易受到外部冲击的影响。因此，要处理好市场和政府干预的关系，尤其是要避免个人理性导致集体非理性，主要包括：一是坚持主要依靠市场机制，充分发挥市场在资源配置中的基础性作用，产业的进入、退出、创新和结构调整，企业重组，都主要由市场来决定；国家在政策、资金等方面的支持也要遵循市场经济规律。二是正确发挥政府作用，政府主要是制定规划和政策，营造投资、自主创新和发展的良好环境，必要时给予扶持。三是资源枯竭地区要发挥自身优势，挖掘内部潜力，激发内在活力，从而加快资源枯竭产业经济转型。

(3) 实践性较强，制度创新特点突出。本书探索了当前产业转型研究的一个重点、难点问题：为什么有些自然资源型产业转型升级成功，而有些异常困难，甚至失败。这并不是一个简单的技术水平问题，更多的是源于人为制度因素。本书认为，"资源诅咒"受制于"制度诅咒"，并提出锁定效应（lock-in effect）和反锁定效应，为加速自然资源型产业经济转型和可持续发展提供理论上的指导。创新的目标是加强经济性沉淀成本、体制性沉淀成本、社会性沉淀成本和生态性沉淀成本管理，遵循慢走（go slow）或未雨绸缪（save for a rainy day）发展思路，创造一个没有沉淀成本的市场经济体制。在这一过程中要促进资源型产业健康可持续发展，需要不断完善市场机制、政府干预，以及私人契约。

第二章

传统产业转型升级的一般理论分析

传统产业是一个相对概念。通常传统产业是相对于信息产业、新材料产业等新兴产业而言的，主要包括钢铁、煤炭、电力、建筑、汽车、纺织、轻工、造船等。传统产业是以传统技术进行生产和服务的产业，是在工业化过程中起支柱与基础作用的产业，主要指工业，也包括传统农业和第三产业的一部分（刘世锦，2005）。工业经济时代的支柱产业是纺织、钢铁、机电、汽车、化工、建筑等物质生产工业。本书主要以自然资源型产业为例进行说明。

现有经济理论很少探讨自然资源型产业如何发展接续产业的问题，因而无法为自然资源型产业转型从理论层面上提供正确的理论指导。虽然仅仅解释世界还是不充分的，但解释世界仍然是按照意愿改变世界不可或缺的前提条件。忽略严肃的经济理论研究必然会产生灾难性后果。从资源型产业的现状看，许多人主张废弃现有的生产技术，朝高一级生产技术方向转变和提升，有些主张背离现有的资源约束条件追求脱离现实的新的发展战略，以这样的新古典供求理论为指导的地区必然难以发展起来。

通过对面临资源型产业转型的地区或城市发展接续产业的现实考察我们发现，不同的资源枯竭地区，如阜新市和大庆市等，实际上走了不同的发展接续产业道路。这些个案之间是否具有共性？为什么会出现这种情况？这样的选择方式对本地区进而对其他地区的发展是否有借鉴意义？我们需要对发展接续产业的不同道路给予理论上的解释与思考。具体来说，我们要研究这些地区是如何摆脱资源枯竭带来的困境的，它们是如何走出一条适合自己的发展道路的；有些地区发展接续产业脱离实际，实施了一种变形的赶超战略，那么它到底能否持续发展下去。我国一些典型的自然资源型城市转型已初步取得成功。例如，大庆市以同种资源为基础发展替代产业，抚顺市以替代资源为基础发展替代产业，淮北市以优势产业为主发展生态城市，枣庄市利用高新技术提升改造传统煤炭产业，阜新市退出传统工矿业转而发展现代农业。有些人批判阜新市由黑变成绿、由矿产产业走向现代农业；也有人批判大庆市不走现代农业，而走进一步深加工产业之路，并认为这是一种倒退。本书将借助于现代经济学理论、产业组织理论，建立一个一般性分析框架，对这些问题进行思考，并为分析发展接续产业提供一种基本原则。

第一节　传统产业转型的新古典理论及其缺陷

一　新古典经济理论分析

阿罗-德布鲁定理与科斯定理都假设在市场上信息是完全的,当事人完全理性,并且没有任何交易成本,可以完全依靠市场价格信号自由转换和自由竞争,因此任何交易都因没有机会主义和有限理性而不会给当事人带来利益损失。新古典经济学依赖一些抽象原则而存在,其中最重要的是个人效用理论、企业理论和市场理论。目前,对于这些抽象原则的批评也逐渐多了起来。一些批评者认为新古典经济学的抽象就是将所有的活动归结为价格机制,所以在交易中将其他因素从社会和环境领域抽象掉。而且,批评者还认为,新古典经济学将人类演绎为理性的私利个人,消除了所有实际生活中的不显著的特征,诸如慈善和残忍。而且,市场理论抽象掉了所有存在于现实世界的非显著的目标。因此,如果环境不以货币形式进入生产和消费过程中,新古典市场理论就无法对它进行解释。对于生态物质世界而言,根植于传统新古典经济理论的政策可能是灾难性的,这是因为环境被明确地排除在理论之外,环境是免费的,所以在实践中必然会被过度消费。

新古典经济学家认识到自身的不足,认为真实的社会和生态价值都没有被反映在市场价格中。以此为基础,依据新古典经济学发展起来的环境经济学,可以弥补在主流经济学中盛行的观点的不足。不幸的是,环境经济学提供的分析和求解仍保留着新古典经济理论的精髓,所以导致其理论本身的不完整。新古典经济理论在没有环境产品的情况下探讨自然恶化的经济解释虽然欠妥,但当市场价格不能反映环境产品或环境损害的真实成本时,新古典经济学所认为的市场失灵就发生了。市场失灵有以下三种情况:不完全市场结构、公共产品和外部性。也就是说,在市场失灵条件下,激励不会被他人或者社会规则所推动,消费者主权和个人理性假设受限,从而放弃了市场选择的优化行为。新古典经济学把环境作为不同当事人的消费产品。如果进行理性选择,因有限理性在自然环境中存在,私人价值与社会价值就会不一致,前者涉及使用价值,后者涉及伦理、文化的考虑,从而导致当代人与后代人的社会困境。

(1)不完全市场结构。市场有破坏他自己的最优数量的趋势。企业之间的竞争机制导致企业数量减少,增加了垄断的可能性。新古典经济学家已经发展出次优理论来对应新古典市场理论上的理想化的完全竞争状态。新古典经济学家认为,不完全竞争市场有利于保护生态环境。这是因为,根据他们的模型,不完全竞争市场条件下的产量将低于完全竞争市场条件下的产量。通过使用企业和不完全竞争演绎产业的投入和产出水平，新古典经济学得出不完全竞争市场可以保护环境的结论。在现实条件下，寡头市场结构通常导致大的竞争者利用资源追求大的市场份额——典型案例是汽车制造业。而且，没有任何证据证明垄断市场可以保护环境。从理论上看，产出水平将随着垄断化的加深而减少，尽管这种减少是真实的，但是无法保证垄断企业选择最优环境的市场结构或技术过程。新古典经济学认为，不完全竞争市场有利于环境保护，因产量低、价格高就会产生很少的负外部性。这个观点并没有考虑决定产出、技术和生产过程的制度变量，这些变量对企业运行有的直接影响，从而无需考虑市场结构类型。而且，在现实中，市场权力无限的企业趋向于以牺牲环境为代价来增加产出。

(2) 公共产品。公共产品是指一旦企业供给一个人，也就供给所有人的那些非竞争性和非抗争性产品，其不管个人是否愿意去支付成本。在市场理论中，企业没有动力去提供公共产品，因为这些产品虽然是有益和被需要的，却不能带来盈利。在公共产品提供中经常存在"搭便车"问题，所以价格体系无法测量产品的价值。在这个框架下，自然资源被过度使用经常被认为是由缺乏界定良好的产权所致。没有良好的产权，可获得的资源将被很便宜地定价——哈丁将其命名为"公共地悲剧"（common tragedy）。哈丁采用牧人利用公共牧地进行类比："设想对所有人开放的一片牧地，可以预料每个牧人都将在这片公共地上饲养尽可能多的牛。作为一个理性人，每个牧人都寻求最大限度的所得。"甚至在那片公共地的载畜能力已被严重超越时，每个理性牧人仍会继续增加载畜量，因为每个人都将获得附加牛群销售的全部收益，却仅仅承担部分过度放牧的成本。"在那里将出现悲剧。每个牧人都被禁锢在一个迫使他无限制地增加牛群的系统中——而这是一个极其有限的世界——一个公共地的自由使大家都遭殃。"这表明，采取自由放任的政策将导致灾难。

对于新古典经济学来说，只有资源配置扭曲和无效率才是市场失灵。因此，为了恢复效率，达到社会集体收益最大化的开采率，就需要引入私人产权。科斯定理表明，只有当产权界定清楚时，市场交易才可能发生，此时对于环境使用的补偿反映了产权所有者的自然资源的价值，因而确保了经济活动的有效率配置。因此，新古典经济学家认为物种缺失和资源损失都是产权缺乏的结果。根据科斯定理，界定产权将会产生最优交换体系。因此，对公共产品问题求解、倡导界定产权的目的是将环境产品放到市场上，就像其他可交易的产品那样。只有这样，环境才有可能进入市场理论中，受到供求规律的约束，实现最优方式的配置。在公开进入的情况下，资源不可避免地面临无效率配置的情况。这是因为资源不能被界定给那个真实反映环境产品价值的市场信号的人。对于公共产品问题而言，根据新古典经济学家的做法，仍然是谋求私利的理性人追求自身利益最大化的结果。在理论上，私利的个人仅仅当环境是他自己的私人财产时，才有动力去保护环境。然而，这些理论不能解释某些人捐款或者宣传保护物种和环境———他们从来没看过或没有使用过它们，也没有将其作为自己的私人财产——的行为。而且，为了使私人财产得以运行，有必要很好地界定其产权、执行和配置，同时要求利益双方处于竞争性体系中，可以走到一起谈判产权。实际上这些条件可能得不到满足。首先，由于制度缺乏，个人没有能力执行产权。其次，谈判的一方如果是利益集团，就会在谈判中处于优势。最后，利益集团会走到一起谈判，但是由于社会、文化、习俗和利益冲突等，还是很难达成一致。在这种资源得不到保护的情况下，新古典经济学的答案既不可能，也不必要。而且，将财产私有化作为保护环境的手段，仍然与新古典经济学方法是一致的，此时人类是社会中唯一的主体。而且，尽管公共产品的新古典化理论被认为是正确的，环境保护仍是难以实现的。例如，当谈判双方的交易成本大于通过获得保持最优条件的效率所得的收益时，环境是不值得被保护的。

（3）外部性。新古典经济学条件下，外部性是市场失灵的重要表现。外部性是经济活动的结果，指当事人没有正确地将成本或收益归属于交易中的任何一方。1890年马歇尔引入外部经济学，但是他仅仅涉及第三方的正外部性。1920年庇古①认识到外部性包含收益和成本。当一方对另一方造成负面的福利损失时，就是负外部性，同时由于缺乏对第三方遭受损害的补偿，福利没有得到提高。对于新古典经济学来说，来自于负外部性的损害将转变成效率损失，进而导致市场失灵。对于环境经济学来说，什么是外部性不是由现实世界决定的，而是由其抽象决定的。例如，对于工厂对河流的污染，新古典经济学要求内部化外部性，从而会实现最优污染量，即最后一单位污染的经济收益等于最后一单位活动的经济成本。管制机构确定污染配额，或者污染税，或者排放交易体系，都可能被内部化，获得可交易形式。例如，环境损害的成本可能进入企业的生产函数，通过庇古税或者将可交易排污产权界定给社区。不论采用哪种方式，总是假设只通过对市场进行调整，就能达到社会最优污染水平。为了决定环境产品价值，新古典经济学采用比较定价方法或利用直接调查去估算环境质量或者接受特定的环境恶化。在这些间接价值下，公共政策可能被指导达到一个正确的定价，从而使市场机制重回均衡，社会最优性得以实现。

传统的新古典经济学鼓吹"有效率的结果"的美德，其理论依据是斯密在

---

① 对古典经济学家庇古的批判，一个是凯恩斯（1936年）对其充分就业理论的批判，另一个是科斯（1960年）对其外部性理论的批判。这倒不是因为庇古比其他经济学家更值得批判，而是因为，在这些经济学家中，唯有他以文字形式精确地表达了失业和外部性理论。

1776 年提出的"看不见的手"定理：由于理性的个人管理产业的目的在于使其市场物的价值达到最大，他所盘算的也只是他自己的利益。在这种场合下，他受一只"看不见的手"的指导，去尽力追求自己的利益，这往往能比他在出于本意的情况下更有效地促进社会利益。新古典经济学坚持完全理性、完全信息及零交易成本的假设，将企业看成一个投入－产出函数的"黑箱"，重视技术与市场约束，忽视企业内部的组织因素，认为制度是外生的且不重要。但是，在现实中信息不完全及不对称、交易成本普遍存在，新古典经济学无法解释现实世界中的许多经济现象，这是由新古典经济学假设交易是不需要成本所致。针对新古典经济学的这个微妙假设，以科斯 1937 年的《企业的性质》为标志，经济学家明确认识到新古典经济理论中无交易成本的假设，后经威廉姆森、诺思、格雷夫等的发展，在经济学理论、经济史和发展经济学中的影响与日俱增。交易成本是指在推动交易发生时所产生的谈判、测量和执行成本等。

科斯定理是新制度经济学的核心理论，是科斯在《社会成本问题》一文中分析外部性问题时提出的，力图澄清新古典经济学中交易成本的重要性。传统的福利经济学主张征收庇古税，而科斯认为这种方案并不正确，因为庇古税只关注生产成本而忽略了交易成本的存在。科斯认为，交易成本的存在使得外部性无法通过价格机制来得到解决，如果重视明晰产权，外部性问题基本可以通过市场来自行解决而无须需政府干预。科斯定理的主要内容如下：①在零交易成本的世界里，有效率的产出结果总是能够出现。如果人们能够知道他们所有的选择是什么，正确理解他们在一个产品中能得到什么属性，并且确切无疑地知道每个选择的结果，那么显然，每个人都会以一种尽可能使自己利益最大化的方式进行选择选择。互利的交易并不存在。无论产权的初始界定如何，通过自愿交易都能够达到帕累托最优。②在交易成本为正的世界里，产权的初始安排会影响到资源的配置效率。因此，当交易成本为正时，清晰的产权界定有助于降低交易成本，提升经济效率和促进竞争。我们可以通过图 2-1 来阐释科斯定理中关于交易成本对经济效率的影响的理论。

假设市场中存在甲、乙两个市场主体，甲对 X 商品具有使用行为，如高碳生产对能源的消耗，使用量为 Q，边际收益为 MR（需求曲线），边际成本为 MC_1。产品经济行为对乙有负外部性，乙的边际成本为 MC_2，社会成本则为 $MC_3 = MC_1 + MC_2$。同时，在没有相关制度措施的情况下，甲无须对给乙造成的损害做出赔偿。这样甲就会使用 Q_1 量的 X 产品，而非 $MC_3 = MR$ 的交点 M 所对应的 Q^*，也就是符合帕累托最优的产量，社会福利为三角形 KOM 的面积。社会对某商品的需求大于帕累托最优，就产生了市场失灵。甲方获得的收益为四边形 $LKOQ_3$ 的面积。此时，对于社会来说，损失是三角形 OGQ_3 的面积，社会净收益为甲方收益与乙方成本之差（三角形 KOM 与三角形 MLG 的面积之差）。

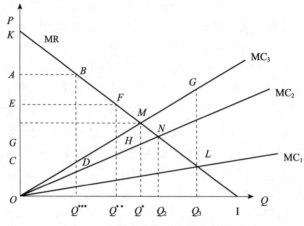

图 2-1   交易成本与经济效率的关系

假设双方就 X 产品的使用量或减少量进行交易，确定一定的产权关系，如污染权与清洁环境权，根据科斯定理，在不存在交易成本的情况下，无论产权如何分配（如是给予甲污染权，还是给予乙清洁环境权）他们之间的竞争都会使 MR 与 MC₃ 相交于 M 点，最优交易量为 Q^*，社会福利的总和为三角形 KMO 的面积，外部性问题得到解决，达到帕累托最优。

当存在交易成本 AC 时，需求者会降低购买量，因此均衡产量将为 Q^{***}，此时社会福利会损失四边形 ABCD 及三角形 BDM 的面积之和。此外，如果甲与乙的效用函数不同，产权的初始分配状态不同，会使得在既定交易成本下社会福利损失的程度不同。例如，给予甲污染权与给予乙清洁环境权对经济效率的影响是不同的。因此，初始产权制度安排对于经济效率是十分重要的。

通过完善制度，可以清晰地界定产权、有效地降低交易成本，进而改进经济效率。假设政府较为清晰地界定了产权关系，将交易成本由 AB 降为 EG，均衡产量将由 Q^{***} 增至 Q^{**}，社会福利会有所改进，增加的社会福利为四边形 AEBF 与 CDGH 的面积之和。

由此可知，新古典经济学中无效率的产出并非源自企业的市场结构或其他标准解释，而是源自交易成本的存在。即使出现负外部性，阻碍解决方法出现的也并不是外部性本身，而是昂贵的交易成本。如果交易双方必须相互合作（谈判成本），决定额外污染造成的损害程度（测量成本），并且和对方确定一个解决方案（谈判成本），每一方都必须保证协议是可兑现的（执行成本），那么，这的确是一个困难且成本昂贵的过程。只有在零交易成本的世界，才能实现有效率的产出。同时，只有在正交易成本的情况下，市场失灵才会出现。与垄断和外部性相联系的无效率并非只是冰山一角。如果一个经济体系有着很高的交易成本，许多潜在的交易就会丧失，它将在有效率水平之下运行。许多没有得到解释的悖论的答案会变得清晰起来。

一旦认识到交易成本对经济的影响，我们就能更好地理解提高经济绩效的解决方案。毫无疑问，交易成本总是存在的，并且是非常显著的。交易成本的存在实质上是社会资源低效配置的体现，无法从根本上消除，只能采取适当措施予以降低。制度作为社会中的博弈规则，或者说是一些人为设计的、塑造人们互动关系的约束，在降低交易成本方面的功能主要体现在：约束行为主体的机会主义行为，降低不确定性；缓解信息不对称，向人们提供关于行动的信息；在将外部性内部化、减少负外部性等方面起积极作用，从而改进经济效率。

制度是一种公共产品，存在"搭便车"行为，因此对制度供给的激励存在一定的困难，极易陷入"囚徒困境"。同时，制度也具有较高的资产专用性，其功能的发挥必须受限于特定的约束条件，如文化、意识形态、经济发展水平等，这些都造成了制度的稀缺性。对于现实中日益增长的制度需求而言，制度安排供给充足且结构耦合的理想状态是不存在的。由此可知，除了传统的新古典经济学强调的技术变革、规模经济、人力资本外，制度也是极其重要的生产要素，对降低交易成本、改进经济效率和促进竞争是十分关键的。

新古典经济学处理环境问题的理论是有问题的。所有新古典经济理论的结论都是关于完全竞争的，在假设没有外部性条件下实现社会最优和效率（类似于"凯恩斯革命"所指出的那样，在没有失业的情况下探讨失业问题）。然而，在现实条件下，外部性是经济活动中最重要的方面，它是包括人类在内的所有生物生存的基础。环境经济学研究所抽象出的模型，对于人类与其他物种来说是没有任何用处的。从概念上说，负外部性理论把环境作为一个产品来描述，并将环境抽象成任意产品，忽略其复杂性及动态生物体的事实。环境经济学仅仅让抽象的环境返回到市场领域，结果只能是在其现有理论框架下进行分析。

而且，新古典经济学方法解决环境市场问题也存在一些缺陷。诸如人性、企业和市场行为假设。甚至认为，价格可以解决所有的事情，尽管定价不可能通过市场机制实现。归纳方法的应用对于外部性或公共产品估价而言，都是非常有问题的。理论假设个人确定环境价值以及现存价值是有偏好的；理论也认为，环境产品市场是不存在的，以及这些价值在市场上也是不存在的。结果理论仍要求对这些价值进行估价。一个通用的方法是随机估价方法，个人将对环境产品进行货币价值估价。一旦估价形成，在特定时期内，就有一个先验的贴现因子可以应用，最终将通过成本—收益、成本有效性分析实现最优计算。

对于宏观经济来说，新古典经济学是基于经济增长给出了可持续发展的定义。只要社会总资本保持不变，可持续发展就会实现。然而，这需要假设自然和人造资本是完全可替代的。而且新古典方法依据纯货币的 GDP（国内生产总值）来测量总体经济绩效，尽管已有广泛的证据表明 GDP 增长并不必然改善社会福利。由于使用了这种分析方法，在关于经济增长的可能性方面新古典经济学方法极度乐观，而且新古典经济增长导向方法并不涉及增长如何影响社会，以及增长的收入如何被分配的问题。所以，新古典经济学还需要考虑公平分配或公正问题。新古典经济学在很多方面存在问题：第一，支付意愿和接受环境质量的价值的意愿是极度不同的。第二，支付意愿需要支付能力，但是为了计算的目的，参与者的收入是不相关的。第三，估价方法假定非市场同等地影响所有人，以及人们以私人交易和以公共政策表现的那些价值是无差异的。第四，估价问题可能因为信息不完全被扭曲。人们不能正确估算环境质量的价值，因为他们甚至不了解生态的复杂性，因此，依据个人污染偏好，可以找到社会最优水平。第五，相关主体的选择可能完全是任意的，而且取决于研究者如何定义相关概念，什么被包括进来。例如，鲸鱼出现在现实世界里，就能估价愿意支付自身物种的生存意愿，因为在新古典经济模型里，不管是否为人类物种，都有权存在于经济体系中。这也是非常荒谬的。

当正义与公平等问题出现时，理论又求助于假想的演绎方法。代际问题被包括在贴现率这一形式中，这将由当代人承认与决定承担对后代人的责任的幅度来决定。从技术上说，一方面，如果当代人没有从下一代的福利中获得效用，那么当代人就会有高贴现率，从而过度消费自然资源；另一方面，如果当代人选择考虑这一代际问题，尽管分析尚显不足，但是贴现率必须被考虑进来。如果贴现率表明，洁净空气或者可饮用的水的价值在未来较小，这就会得出错误的结论。当争议问题出现时，理论更偏好应用新古典经济学的价值中性来应对。在环境经济学中，解决公共产品和外部性问题涉及市场矫正机制，这就要假设政府是无私地来干预的，然而，政府机构是由人组成的，从而使其理论自相矛盾。这是因为新古典经济学家假设理性私利最大化，所以社会保卫者不能无私地工作。而且，在公开进入资源时，这样的机构并不存在，所以哈丁问题会再度出现。尽管接受这个答案，理论假设免除失灵，然而，干预的可能性和存在失灵也是非常现实的。当公共干预偏离市场社会最优时，现有情况会恶化，干预失灵就会出现。当实现市场最优，却与生态维持人类活动而冲突时，就会出现失灵。也就是，最优配置假设，就像制度矫正的目标，对于环境来说是不适用的。

二 完全竞争市场的缺陷

在阿罗-德布鲁一般均衡模型条件下，即在完全竞争市场上，企业可以根据市场价格信号自由实现最优配置，其具体条件如下：

第一，信息完全，不存在因信息不完全产生的机会主义行为。它包括两层含义：一是市场上的所有信息都是真实信息，这也意味着法律和监督体制都完美无缺，在市场上不存在任何虚假信息；二是指在信息的生产、传递和验证等一系列过程中不存在任何信息成本，它意味着信息在市场主体之间的分布公平无偏，当事人都有理性预期，不存在逆向选择和道德风险行为。

第二，市场无摩擦性和风险可计量性。市场无摩擦性是指市场中不存在任何交易成本，任何投资者都可以畅通无阻地进行套利交易，而且套利交易可以毫无风险。风险可计量性是指未来的不确定性投资均服从一定的概率分布，风险的大小程度可以用概率分布的标准差表示出来。隐含经济主体信息完全或者理性预期，都可以在事前做到优化。

第三，所有的资源都是完全流动的，不存在产业结构扭曲状况。这意味着厂商进入或者退出一个行业是完全自由和毫无障碍的。所有资源可以在各厂商之间和各行业之间完全自由地流动，可以随着市场价格信号瞬时调整。这样，任何一种资源都可以及时地投向能够获得最大利润的生产部门，并且可以及时地从亏损的生产部门毫无损失地退出。在这里，隐含的假设条件是生产要素或者生产资源市场是完全的，没有任何干扰市场达到均衡状态的因素。实物产业投资与证券金融投资没有任何差别。

第四，当事人都是独立的市场当事人，不受政府直接干预。有关生产什么、如何生产，以及为谁生产等，都由当事人自己决定。因此，虽然他追求自身利益最大化，其本身的私利行为与社会利益是一致的，激励与协调机制是有效的。这意味着没有任何外部性行为。市场上每一个卖者和每一个买者都掌握与自己决策相关的一切信息。这样，每一个消费者和每一个厂商都可以根据自己所掌握的完全信息做出自己最优的经济决策，从而获得最大利益，最终导致个人利益与社会利益一致。

既然如此，我们来看一下完全竞争市场对于自然资源配置的假设前提。

（1）自然资源投资是均质，具有完全通用性，没有任何专用性问题。换言之，由于在完全竞争市场上，自然资源投资资源具有完全通用性，即使发生了不确定性，也不会影响资源价值。在自然资源资产流动过程中不会带来任何流动性障碍，即不会发生自然资源沉淀成本，所以可以自由进出市场或产业，从而在市场价格方面实现一价定律，不会出现任何差别定价。由于没有沉淀成本，资源充分流动，即使处于规模经济状态，也至少可以实现帕累托最优（Baumol et al.，1988），不会出现任何投资错误。

（2）自然资源市场的信息完全，没有交易成本。由于家庭和企业都了解自然资源的质量、功能和边际产量等，并且假设了解这些信息是免费的，不需要支付任何成本，随时可以获得自己需要的信息，所以，市场上可以实现帕累托最优，不会出现任何潜在利益没有实现的情况。同时，也不会因信息不完全或不对称出现逆向选择和道德风险行为，此时谈判交易和执行交易都不需要了。

（3）自然资源私有产权清晰，不会产生任何外部性问题。费雪认为，产权是享有财富的收益并且同时承担与这些收益相关的成本的自由或者所获得的许可，产权不是有形的东西或事情，而是抽象的社会关系。产权包括以下四个方面：①使用资产的权利（使用权）；②获得资产收益的权利（收益权）；③改变资产形态和实质的权利（处置权）；④以双方一致同意的价格把所有或部分由①、②、③规定的权利转让给他人的权利。既然家庭追求效用最大化，企业追求利润最大化，那么交易双方不会给第三者造成任何影响，不会产生外部性，即私人成本与社会成本一致，私人收益与社会收益一致，从而不会产生资源使用过度或者不足现象。

（4）不存在任何自然和人为的垄断因素。由于假设有无数个企业和家庭，任何单个当事人都无法控制市场价格，相对于市场需求企业规模是较小的，此时也没有政府干预，所以垄断租金是不存在的，也不存在寻租活动。单个当事人仅仅是市场价格的接受者，依据追求自身最大化利益原则，按照市场价格进行最优选择，从而实现协调与和谐，不会出现任何利益冲突，此时政府干预无用武之地。

（5）不存在规模经济和固定成本或沉淀成本，仅仅假设企业都是小企业，并不存在大企业，尤其是自然垄断行业。

正是在规模经济和固定成本情况下，平均成本定价是可行的。同时，在固定成本为零或者沉淀成本为零情况下，边际成本定价是可行的。否则，在存在固定成本或沉淀成本情况下，边际成本定价就会导致企业亏损，甚至是破产。因此，在存在固定成本或沉淀成本情况下，完全竞争思维方式就需要改变，从而进入寡头垄断市场结构模型。

在完全竞争市场条件下，我们可以看到亚当·斯密（1997）"看不见的手"的作用："一般地，他确实既不打算促进公共利益，也不知道自己会在多大程度上促进这种利益。……他所考虑的只是自己的利益。但是，在这种场合，像在其他许多场合中一样，他受一只看不见的手的引导去促进一个并非他本意要达到的目的，也并不因为事非出自本意，就对社会有害。他追求自己的利益，却往往使他能够比真心实意要促进时更有效地促进社会的利益。"然而，这一理论有严格的假设前提，即个人利益与社会利益完全一致，因而看不到弗勒德和德雷谢尔在1950年提出的"囚徒困境"、哈丁于1968年提出的"公共地悲剧"和奥尔森1965年提出的"集体行动悖论"（埃莉诺·奥斯特罗姆，2000）。这些模型中的每一个的中心问题都是"搭便车"问题，个人追求私利最终导致集体利益受损。任何时候，一个人只要被排斥在分享由他人努力所带来的收益之外，就没有动力为共同利益做出贡献，而只会选择"搭便车"。如果所有的参与者都选择"搭便车",就不会产生集体利益。

总而言之,完全竞争市场为我们研究自然资源配置提供了一种比较基准,提供了一个乐观主义的场景,亟待加以改造。如表 2-1 所示。

表 2-1　经济理论是否创新

项目		经济理论	
		传统理论(无沉淀成本)	新理论(有沉淀成本)
经济体系	原有传统产业(无沉淀成本)	适用(理论与现实匹配)	不适用(新理论与现实不匹配)
	新产业体系(有沉淀成本)	不适用(照搬或套用原有理论)	适用(理论创新适应新现实)

通过考察其假设前提,我们可以透视出资源型产业资源配置低效率的原因。根本原因在于计划经济体制下管理成本过高,没有市场调节机制,采取集中管理方式,或者说,根本不重视市场机制,从而造成自然资源利用和配置效率低下。正如思拉恩·埃格特森(2004)所指出的,矛盾无处不在,理性的个人追逐自身利益的强大冲动力,既是经济衰退的主要原因,也是经济增长和繁荣的主要源泉。无论结果是好还是坏,均依赖于人为的社会制度结构,这种制度结构指限制人类行为并将他们的努力导入特定渠道的正式和非正式的规则(包括法律和各种社会规范)及其实施效果。个人并不是像鲁宾孙那样孤立存在的,经济绩效和社会结果依赖于人们的相互作用,微观的行为常常引出不尽如人意的宏观结果。在完全竞争条件下,资源型产业可以根据市场价格自发调节行为,以便追求利润最大化,这为我们引入较为现实的资源型产业转型升级模型奠定了理论参照系。

第二节　沉淀成本范式的重要性

一 引入沉淀成本研究方法的必要性

正如约瑟夫·斯蒂格利茨(2009)所指出的,不完全信息范式可以被视为一种修正,从而解释了为什么经济现象看起来与事实不那么矛盾,而交易成本范式代表另一种试图以一致性的方式修改基本理论的尝试。信息成本也是一种特殊形式的交易成本,并在许多方面很吸引人。而本书所说的沉淀成本范式或理论,也是对基本理论的一种修正,显然,它与交易成本、信息不完全、不确定性或风险联系在一起,从而更加突出沉淀成本及其影响。换言之,如果资源充分流动,那么信息不完全并不起作用,同样也不会存在交易成本,仍然会实现帕累托最优。然而,一旦引入沉淀成本,尤其是不确定性,就会对经济发展起很大作用，这一点值得研究。

新古典完全竞争市场模型作为经济学研究的参照系，为我们研究视角的转换提供了营养。沉淀成本这一概念最早被用于分析不完全市场的形成原因，是打破资源充分流动性（perfect mobility）这一假设之后才需要引入和需要特别重视的重要概念。在经济学中，固定成本（fixed cost）和沉淀成本（sunk cost）概念很容易混淆。如果我们把固定成本和沉淀成本作详细区分，就可以清晰地理解二者之间的差别及其作用。固定成本是指与产出水平变动无关的成本。更为重要的是，固定成本资产对于外部企业仍然有价值，如果企业停产，那么资产可能被出售，其再出售价值可以消除现有的债务关系，因而不会再产生利息负担。相比之下，沉淀成本是指承诺之后不能得到补偿的成本。更为重要的是，沉淀成本资产仅仅对企业自身有价值。如果企业停产，那么资产没有再出售价值，仍然需要偿还利息负担。在这种情况下，我们从两种角度看总成本的构成①：一种角度是总成本等于固定成本和可变成本之和；另一种角度是总成本等于沉淀成本与可避免成本之和。后者是一种动态概念，成本是否沉淀取决于决策时成本是否得到补偿；前者是一种静态概念，成本是由生产技术决定的，投入要素以及与此相关的成本是否固定，取决于投入要素使用时是否随产出水平的变动而发生变动。长期来看是没有沉淀成本的，因为所有的成本都是可避免和流动的，但不可能有长期可避免的固定成本。

许多经济学、管理经济学和产业经济学教科书中都已经阐述了固定成本和沉淀成本二者之间的差别。这表明，经济学家已经认识到沉淀成本的重要性，以及它与固定成本之间的差别。在企业间进入威慑的博弈情况下，是沉淀成本而不是固定成本因具有承诺价值而造成战略效应。既然沉淀成本概念如此重要，那么为什么沉淀成本通常又被称为固定成本？

实际上，某些经济学教科书确实采用这种说法。它们用固定成本直接代替沉淀成本，使固定成本成为沉淀成本的同义语，使沉淀成本概念不再出现，即对于固定成本的货币支出不可能得到补偿。在此，我们总结了总成本、固定成本、可变成本、沉淀成本和可避免成本之间的关系（Wang and Yang，2001），如表 2-2 所示。

表 2-2 成本分类比较

经济学教科书的成本分类		修改的成本分类	
总成本		总成本	
固定成本	其他成本类型	沉淀（固定）成本	可避免固定成本
	可变成本		可变成本

---

① 在固定成本和可变成本之间做区分只是会计上的一种分类。对契约研究来说，更重要的是资产是否可重新配置（Klein and Leffler，1981）。在会计师们所谓的固定资产中，有许多资产事实上可以重新配置，如中心区通用性的厂房和设备。会计师们视为可变成本的部分常常有很大一部分不可回收，如企业的人力资本投资。

这样，我们可以清楚地表述这些成本之间的关系：

总成本＝沉淀（固定）成本＋可避免固定成本＋可变成本

固定成本＝沉淀（固定）成本＋可避免固定成本

可避免成本＝可避免固定成本＋可变成本

在短期看来，至少某些成本是沉淀成本，但仍然有可避免固定成本；在长期看来，没有沉淀成本，但却可能有固定成本。

在短期内，固定成本或者是可以避免的（avoidable），或者是沉淀的（sunk）。如果可以避免，就意味着当企业关门或者产量为零时，不会遭受这部分固定成本的损失，所以从这个角度分析，我们通常把这类可以避免的固定成本称为准固定成本（quasi-fixed cost）；如果不可避免，或者说是沉淀的，就意味着当企业关门或者产量为零时，也需要有这部分成本支出，那么这类不可避免的固定成本就构成企业的沉淀成本。

贝恩（Bain，1956）认为，进入壁垒是指和潜在的进入者相比现有企业所享有的有利条件，这些条件是通过现存企业可以持久地维持高于竞争水平的价格而没有导致新企业进入反映出来的。作为分析进入壁垒的先驱，贝恩把进入壁垒分为三种：绝对成本优势；大规模生产的经济要求大量的资本支出；产品差别。应用贝恩对进入壁垒的定义来研究退出问题，则如果在位企业获得的利润比那些没有进入该产业的企业少，那么退出壁垒就存在。斯蒂格勒（Stigler，1968）认为，对进入壁垒的测量也可以用来测量退出壁垒，即以企业离开某市场所必须承担的成本衡量退出壁垒，而该成本对那些没有进入该市场的企业或者已经进入并不再撤出的企业来说都是不必承担的。其中，关于退出壁垒的直接定义是，当企业打算退出市场时其供给契约带来的成本或由其规章制度带来的一笔支出。简单地讲，退出壁垒就是退出障碍，指阻碍现有企业退出市场（行业）的因素，包括沉淀成本、违约成本、行政法规壁垒、声誉损失等。

二　引入沉淀成本研究方法的现实性

按照新古典经济学完全竞争市场模型来说，资源具有充分流动性，企业可以自由进入和自由退出，毫无障碍。然而，在现实中，由于完全竞争市场这一假设前提无法得到满足，以及资产专用性、交易成本和政府等因素的存在，沉淀成本普遍存在，企业难以实现转型，进而造成路径依赖或锁定效应。换言之，在现实中，新古典经济学零沉淀成本假设得不到满足，产业结构转换不容易，从而转型更加困难。特别是由于沉淀成本的存在，企业往往陷入"项目怪圈"，进一步追加原先的投资承诺，从而限制了产业结构的调整与资产重组的效率。

事实上，企业的整个生产过程，既是物质消耗和资金消耗的统一，又是生产成本和交易成本的统一。任何一个企业，在生产过程中总是千方百计地采用新技术、运用先进的管理方法，力争将生产成本降到最低，因此，对生产成本问题的研究，从古典经济学家到现代的经济学家、管理学家，一刻都没有停止过。长期以来，因为经济研究都是在"完全竞争市场"和"零交易成本"的假设条件下进行的，认为市场自身有能力达到资源的最优配置，交易过程不存在摩擦也不存在成本，所以，在总成本中占很大比重的交易成本往往被忽视，致使在新制度经济学创始人罗纳德·科斯的研究出现之前并没有受到经济学界的重视。当人们抛开这个假设思考问题时，原来新古典经济学无法解释的许多现实世界里的经济现象都变得更清晰了。这个假设就是，新古典经济学理论假设交易是不需要支付成本的。也就是说，所有交易都是在良好的信息环境中进行的，而任何一方都不可能不遵守协议。但这个假设在现实生活中很少得到满足，由此可知即使交易对交易各方和整个社会来说都是有利的，这项交易也无法实现。

科斯发现，交易没有实现是因为该交易存在较高的交易成本。科斯在1937年最早提出"交易成本"的概念，它是指推动交易发生时所产生的谈判、估量和实施等成本，从而使经济理论研究从企业"黑盒子"朝现实性方向迈进了一大步，使人们清晰地认识到，企业生产过程中除了活劳动成本与物化劳动成本外，还存在着另一种成本，即交易成本——包括动用资源建立、维护、使用、改变制度和组织等方面涉及的所有成本，而且交易成本是一个在经济生活中无时不在、无处不在又时常令人感到朦胧难懂的问题，对企业的效率高低有着重要的影响。

由于企业是一系列契约的联结物，企业的生产成本与交易成本至少可以在产出和企业的管理目标上统一。既然如此，一方面可以通过采用先进的科学技术，运用科学的管理方法，吸收优秀的人力资源，改善企业的生产条件，降低生产成本；另一方面也应该通过给予企业合理的内部和外部制度安排，降低企业的交易成本。只有做好这两方面的工作，才能使企业达到提高生产效率的目的。

新古典经济学在资源充分流动性的假设框架下，将企业的成本限制为生产成本，是符合它的分析基础的。但是，新古典经济范式对经济运行的解释与经济现实之间严重不和谐，即完全竞争、完全市场、完全理性、无固定资本在现实生活中是不存在的。要修正这种理论缺陷必须以其基本理论假设的修正为出发点，而代之以信息不完全或不对称、有长期固定资本等更为现实的假设。

因此说，由于资源充分流动情况根本不存在，我们不能使用零沉淀成本理论。也就是说，沉淀成本的存在远比人们通常认为的要普遍。正是由于信息不完全或正交易成本等因素的存在，考虑沉淀成本才成为一种理性选择，从而拓展了新古典经济学的解释力和预测力。

第三节 沉淀成本理论的相关范畴

一 沉淀成本的形成条件

为了更清楚地理解沉淀成本概念，我们将沉淀成本定义为当资产在初级市场的购买价格大于其在二手市场出售的价格（或流动性或清算价格）时所产生的差额。反之，当购买价格小于出售价格时便不存在沉淀成本。那么，在哪些条件下会产生沉淀成本？

（一）资产专用性对沉淀成本的影响

资产本身或互补资产是企业或产业专用的，是产生沉淀成本的重要条件。专用性可能造成因果模糊、社会复杂及路径依赖等。不仅有形资产在交易时会发生损失，而且无形资产也不可能实现无损失交换。资产专用性投资理论曾被威廉姆森（Williamson，1975）、克莱因等（Klein et al.，1978）、格鲁特（Grout，1984）、格罗斯曼和哈特（Grossman and Hart，1986）、罗特姆伯格和萨龙纳（Rotemberg and Saloner，1987）、费因斯坦和斯坦因（Feinstein and Stein，1988）等提出并加以研究。其中，交易成本经济学的主要代表人物、2009 年诺贝尔经济学奖得主威廉姆森（Williamson，1985）将资产专用性划分为以下四类。

（1）设厂位置专用性。这种专用性资产要求企业的所有权要统一，这样才能使前后相继的生产阶段尽量互相靠近。因为所使用的资产无法移动，也就是说，它们的建设成本及（或者）搬迁成本太高。一旦这类资产建成投产，就要求各生产阶段互买互卖，才能有效发挥其生产能力。例如，在矿山附近建立炼钢厂，有助于减少存货和运输成本；而一旦厂址设定，就不可转作他用，即这些资产不可能流动——它们不能用于其他地方或者会造成极大的成本损失。若移作他用，厂址的生产价值就会下降。

（2）物质资产专用性。如果资产可以移动，其专用性又取决于其物质特征，那么，把这些资产（如各种专用模具）的所有权集中在一个企业，就可以由整个企业作为统一的买方，到市场上竞价采购。如果契约难以执行，买方还可以撤回这些购买要约并另找卖主，这就从表面上避免了"锁定"问题。例如，有些设备和机器的设计仅适用于特定交易用途，在其他用途中会大大降低其价值。

（3）人力资产专用性。任何导致专用性人力资本的重要的条件——无论是实践出真知，还是人力资本流失问题。例如，在人力资本方面具有特定目的的投资，主要来自于知识和经验的积累。当用非所学时，人力资产的价值就会降低。

（4）特定用途的资产，是指供给者仅仅是为了向特定客户销售一定数量的产品而进行的投资，如果供给者与客户之间的关系过早结束，就会使供给者处于生产能力过剩状态。

后来，威廉姆森（Williamson，1991）又增加了品牌资本和临时专用性概念。

多瑞格和皮奥罗（Doeringer and Piore，1971）也描述了专用性任务："几乎每一种工作都包含一些专用性技能，甚至最简单的看守工作，只要熟悉工作场所的实际环境，就能对这类工作有促进。……也就是说，在一个团队中进行工作所需的技能永远不会和另一个团队所需的技能完全相似。"哈耶克（Hayek，1945）对专用性的影响作了如下描述："……实际上，每个人相对于他人都有某些优势。因为他拥有一些独一无二的信息，这些信息可能有有利的用途……在这种职业中，对人、局部环境和具体环境的了解是一项多么有价值的资产。"一般说来，任务专用性至少有四种形式：①由非完全标准化的设备——它可能是普通设备——引起的设备专用性；②过程专用性，它是由工人和他的同事在具体的操作中形成或"采用"的；③非正式的团队适应性，由各方在不断接触中的相互适应导致；④信息沟通专用性，即指在企业内部才有价值的信息渠道和信息符号。这些情况适合于数量极多时的人际交往，从而产生发现机制，将各种信息显示出来，从而区别于数量极少时的科斯谈判解。

因资产专用性难以转为他用，其再生产的机会成本降低也很容易产生沉淀成本，这是产生沉淀成本的最根本的客观条件。

（二）信息不完全对沉淀成本的影响

如果投资者处在信息完全状态下，长期固定资本将不会给经济带来任何问题。这是因为投资者只能够在获得预期利润回报的前提下购买资本品，不会出现投资失败情况。然而，在给定资产出售价格不受损的情况下，交易成本的存在也会产生沉淀成本。在信息不充分的情况下，投资者只能依靠猜测决定其投资方向，很难完全预测未来的信息，这样很容易出现投资错误或失误，此时买卖之间的资产质量信息不对称可以导致市场失灵，正如"柠檬市场模型"所描述的那样。信息不对称是指交易双方中有一方拥有另一方所不知道的信息。正是由于信息不对称造成的机会主义行为（欺骗的可能性）的存在，信息少的一方对私有信息的一方产生了不信任。这时明明互利的交易却由于欺骗的可能和缺乏互信而不可能实现。例如，如果潜在买者不知道二手资产的质量，那么他仅仅愿意支付其预期平均质量下的价格。高质量的卖者在该价格条件下不愿意出售，从而退出市场。所以，市场的平均质量继续下降直到以最差的质量实现交易为止。经济学中将这类由信息不对称造成的交易成本的模型称为逆向选择。

因此，即使投资不具有企业或产业专用性，在购买资产之后，因信息不对称资产再出售时的价格也会下降，"柠檬问题"（Akerlof，1970）也会产生部分沉淀成本。例如，企业设备、计算机等都不具有企业或产业专用性的，但是出售价格仍会低于购买价格，尽管它是新的。此时沉淀成本可能与交易成本呈正相关关系，如信息成本和运输成本等越大，沉淀成本也会越大。可见，交易成本可以产生沉淀成本，导致资产出售价格下降。这不仅取决于交易成本之大小，而且还取决于需求和供给曲线弹性的大小。

（三）有形损耗和无形损耗对沉淀成本的影响

资产账面价值往往与折旧有关，所以，折旧率也会影响资产的沉淀成本数量，它是私有企业投资者回收固定资本的重要手段，也是以投资者的生产成本形式出现的。技术进步和设备更新都会使资产购买价格进一步贬值。事实上，西方经济学者使用沉淀成本概念，是认为折旧成本完全可以得到补偿，而仅仅需要考虑市场交易产生的沉淀成本就可以了。虽然马克思并没有提出沉淀成本概念，但他已经认识到沉淀成本概念的本质特征。他没有从资产专用性等物质特征，以及资本市场交易成本角度考虑沉淀成本，而是从历史时间考虑沉淀成本的产生。换言之，马克思不是从交易过程角度考虑沉淀成本，而是从生产过程和历史时间角度，即从补偿投资成本角度考虑沉淀成本的。他考虑了沉淀成本产生的客观性。为此，马克思按照资本价值转移方式将生产成本划分为固定资本（fixed capital）和流动资本（circulating capital），认识到了我们今天所称的沉淀成本的存在。例如，他区分了固定资本的交换价值与使用价值，剖析了承诺的固定资本变成不可补偿成本的过程；同样，他考虑了在时间流逝过程中，资本过度积累和资本贬值如何使固定资本价值损失而变成了沉淀成本。

马克思指出，资本主义日益依靠多期资产以增加生产的迂回性。一方面，如果世界上都是流通资本，那么生产在每期都可以重新开始；另一方面，如果资本品在时间维度上有承诺价值，那么就会很昂贵，从而降低了资产灵活性。例如，固定资产在使用过程中，因不断受到冲击或磨损，由新变旧，外表形态虽然在较长时期保持不变，但其内在功能却在慢慢地衰退，随着时间的推移，固定资产的使用价值就会逐渐地、不同程度地降低，其价值也随之相应地减少。固定资产因磨损而减少的价值，称为折旧。固定资产在使用过程中，因磨损而转移到成本中的那部分以货币形式表现的价值，称为折旧费。

固定资产的价值耗损，是由两方面原因引起的：一是固定资产的有形耗损；二是固定资产的无形耗损。固定资产的有形耗损是由固定资产的使用磨损和自然耗损引起的；无形磨损则是由于科学技术不断进步，新技术新产品迅速出现，和劳动生产率提高促使固定资产市场价值下降或者使其使用效益降低，迫使其提前被淘汰而引起的固定资产耗损。这样，资本过度累积和资本贬值过程都考虑了固定资本是如何损失而成为沉淀成本的。可以看出，固定资本的固有特征是沉淀成本。技术进步导致特定资本过时，新技术的引入使旧设备的市场价格下降，导致了资本品损失，马克思提出有形磨损和无形磨损，从而可以看出沉淀成本形成是由生产过程本身造成的。

由于马克思把企业看作生产过程，是随着时间的变化而变化的，因此，他不仅划分出固定资本和流动资本，而且特别指出固定资本的固有特征是折旧，不过他仅仅关注客观时间对折旧乃至对沉淀成本的影响。马克思一再强调，新技术如此迅速地摧毁了原有资本的积累以致没有一个工厂能实际收回其当初的投资成本。在一封给恩格斯的信中，马克思写道："20多年前我就断言，在我们现在的社会中不存在可以延续 60～100 年的生产工具，没有一个工厂、建筑等能在它们被废弃之前已经收回了当初的生产它们的成本。现在我还是认为，无论怎么看这一观点都是完全正确的。"马克思引证的案例，是查尔斯·巴贝奇关于纺机专利转让的研究。开始时，纺机专利转让费为 1200 镑，几年之内就跌到了 60 镑（迈克尔·佩雷曼，1999）。

从马克思所提的有形磨损和无形磨损角度看，不仅仅在资产转让过程中会出现沉淀成本，更多的是市场竞争和技术进步，以及外部不确定性冲击所带来的不可避免的资产损失，这是固定资产无法通过自身再出售能加以补偿的。从而我们发现，技术进步或者追求高新科技水平，不仅会带来生产效率的提高、产出的增加，也会带来不利的一面——沉淀成本的产生。换言之，技术进步产生无法补偿的沉淀成本，会摧毁原有资本的价值，造成资产价值损失，这是产生沉淀成本的客观现实，无法回避。只有加强耗费成本的补偿，才会使企业再生产过程顺畅进行。

（四）契约承诺对沉淀成本的影响

由于资产专用性普遍存在，长期契约或口头协议也普遍存在，其中包含显性契约和隐性契约。一方面，契约的存在可以减少资产专用性损失；另一方面，契约的存在带来刚性，很难适应意外事件的冲击，所以，契约安排的存在在遭受不利冲击的情况下也会因契约承诺的存在而产生沉淀成本。例如，契约（包括显性和隐性）及政府管制等都会产生沉淀成本，使有些再生产的机会成本难以实现，从而造成所谓沉淀的机会成本（sunk opportunity cost）。例如，事前契约规定生产要素价格是 11 万元，事后市场价格是 10 万元，则对购买者产生沉淀成本。如果政府不允许出售资产或重新配置资本，购买的资本品价格是 100 万元，政府规定不允许买卖，则沉淀成本为 100 万元，如果允许自由买卖，也会降低沉淀成本的数量，从而使机会成本重新发挥作用。

总之，沉淀成本仅仅关注资产市场交易状况，包括资产专用性和二手市场交易成本，以及要素市场结构和资产生产过程中的有形磨损和无形磨损等。当决策者处在信息完全状态时，完全预期到了未来的各种可能事件，不仅不会发生交易成本，而且不会发生沉淀成本。因为在完全信息情况下，任何投资资产都不会出现投资错误或投资失败，可以按照收益率排序选择最大的投资项目，从而不会发生沉淀成本。然而，当信息不完全时，对未来的预期只能依靠猜测，因不确定性①存在专用性资产交易成本昂贵，发生有形磨损和无形磨损等，从而造成资产本身的市场价格损失而产生沉淀成本。这是因为，在出现不确定性条件下，通用性资产可以瞬时退出，转为他用，不会出现任何损失。

二 沉淀成本的分类

如前所述，为了研究问题的方便和简化，我们依据沉淀成本的本质特征，针对我国自然资源型产业的具体情况，将沉淀成本划分为经济性沉淀成本、体制性沉淀成本、社会性沉淀成本和生态性沉淀成本，尽管它们有可能会出现交叉，但并不影响我们分析的基本结论。这样分类为我们研究自然资源型产业转型和可持续发展作了铺垫，让我们更能找到沉淀成本的存在形式和影响，从而更容易找出相应的对策。

（一）经济性沉淀成本

1. 专用性资产形成的沉淀成本

投入企业的生产性资产，由于只能用于特定的生产和服务，在企业退出某一产业而进入另一产业时，这些资产很难随企业被带入其所进入的产业继续发挥作用，难以回收投资成本，因而企业面临处置这些资产的障碍。尤其是国有企业的产业分布相当分散，而且沉淀在各产业中的资产又有相当大的规模，这

---

① 不确定性与风险差别首先是由弗兰克·奈特（2005）进行区分的。奈特将可度量的不确定性定义为风险，用不确定性指不可度量的风险。风险的特征是概率估计的可靠性，以及因此将它作为一种保险的成本进行处理的可能性。估计的可靠性来自于所遵循的理论规律或稳定的经验规律，对经济理论的目的来说，整个概率问题的关键是，只要概率能够用这两种方法中的任何一种以数字形式表示，不确定性就可以排除。与可计算或可预测的风险不同，不确定性是指人们缺乏对事件的基本认识，对事件可能的结果知之甚少，因此不能通过现有的理论或经验进行预测或定量分析。同时，凯恩斯在《概率论》中也指出不确定性——没有任何概率分析基础的价值，从而构成其1936年《就业、利息和货币通论》和1937年《就业通论》的理论基础，成为有效需求不足的关键所在。在这里，沉淀成本与不确定性结合起来进一步增加了经济转型难度，从而摆脱了确定性条件下的退出原则。正如斯基德尔斯基所指出的，凯恩斯建议将经济生活大致分成两大类，在第一种状况下，我们对未来的看法在各个方面都非常有依据，在第二种状况下，我们之前的预期容易引起失望，对未来的预期会影响我们今天的行为，从而打破现行的微观和宏观两分法，更加着眼于不确定性分析。

就给资源型城市转型带来了很大困难。由奥利弗·E.威廉姆森（2002）对专用性资产划分可知：

（1）专用性物质资本、人力资本等投资有沉淀成本。资源型城市企业需要投入生产性资产，如矿产地质勘查、开采及加工所投入的物质资本、人力资本等，由于专用性较强，从原产业退出时难以回收投资成本。有些企业的厂房、机器设备即使能够折价出售，但因资产市场不完善，特别是信息不完全造成的"柠檬问题"，也不能按照正常折旧后的价值出售，这些无法回收的资产价值，有可能是沉淀成本的重要来源。

（2）目前商业性地勘市场尚未形成，投资主体多元化，不论开采成功还是失败，都需要支付由大量搜寻信息等带来的交易成本。这些交易成本本身都是沉淀成本。同时，沉淀成本也来源于城市非交易产品部门。房地产、基础设施或设备方面的投资都是为了满足人口增长带来的需求。这些投资既不能迅速地转移到交易产品生产部门去，也不能转移到其他区位。因此，对非交易产品的投资往往会产生沉淀成本。

（3）区位偏离也是沉淀成本的重要来源。矿业城市区位偏离，主要指矿业城市依资源而居，大多位于内陆、边远荒漠地区，地理环境闭塞，远离交通干线、远离工商业发达地区，远离国内、国际市场，区位条件较差。为了摆脱区位偏离，需要投入运输网络和储藏基础设施。在城市地区，投资往往集中在公路、铁路、电信系统及储藏设施上，虽然这些投资本身并不一定是沉淀成本，但这些投资都具有厂址区位专用性，难以移动到其他地区，从而很容易产生沉淀成本。

2. 固定成本转型过程中形成的经济性沉淀成本

主要包括：①离退休劳动力安置成本，企业退出后要给劳动力重新安排工作或重新培训，而这笔培训费用和转移费用往往很高；②因企业退出造成终止各种契约所必须支付的违约费用；③退出企业的职工情绪低落引起的生产经营状况恶化，使企业收益减少等。由于我国的特殊情况，竞争性产业领域的国有企业数量庞大，在这些国有企业工作的职工更是成千上万，一旦这些企业退出，能否支付这笔巨额劳动力安置成本、重新培训成本等，将成为国有企业退出某些产业最突出的问题。这也成为资源型城市转型面临的重大问题。

3. 资源型城市国有企业巨额负债形成的经济性沉淀成本

资源型城市国有企业大多数有高昂的负债率，而且大部分负债是欠国有银行的，国有商业银行是国有企业最大的债权人。按国际经验，企业自有资本和借入资本的比例大体各占50%。尽管国有企业亏损会成为其从竞争性产业退出的最好理由，但亏损严重的企业是很难转移出去的。因为这些债务主要是欠银行的，如果通过破产的方式退出，国有银行也会破产，因而国有银行宁愿维持国有企业的现有状态。政府也会为了使国有银行不至于发生危机，而采取维持国有企业现有状态的政策。国有企业债务负担形成资源型城市巨大的经济性沉淀成本，严重限制国有企业退出的可能性，进而限制民营经济，以及接续产业的发展。

4. 因交易成本导致市场不完善形成经济性沉淀成本

第一，劳动力市场不发达造成的沉淀成本障碍。由于劳动力市场发展缓慢，而且很不规范，国有企业职工在从某些产业退出时，借用现有的劳动力市场实现大规模退出企业职工转移的作用是十分有限的。由信息不完全所导致的交易成本是阻碍职工流动的重要因素。

第二，资本市场不完善、不发达造成的沉淀成本障碍。由于资本市场不完善、不发达，信息更加不完全，资本价格无法发挥配置资源的作用。在这种情况下，国有企业从某些产业退出时，不能很好地利用资本市场，实现退出企业资产的迅速转移或变现，因此，需要借贷和资本供求者支付巨大的搜寻、签约和履约等交易成本。

第三，产权市场发育滞后造成沉淀成本。我国产权市场发育滞后，非市场化倾向明显，市场退出多数停留在"关、停、并、转"上，导致产权交易不活跃，不少产权市场还是有场无市，规模小，交易极为清淡，退出企业的资产和产权无人问津，加上中介组织不足、信息量少，造成产权交易困难重重，进一步加大退出沉淀成本。

(二) 体制性沉淀成本

第一，由政府主管部门和地方政府的阻碍所导致的成本。尽管中央政府在对待国有企业实施产业重组上的态度是明确的，但一些政府主管部门和地方政府仍然会设法阻止所属企业的退出，一方面，需要维持自身的声誉，避免出现声誉性无形资产沉淀成本；另一方面，因为这些主管部门和地方政府有自身独立的既得利益，让其所属企业退出本行业，无异于自己消灭自己。所属企业尽管有亏损，甚至全行业都是亏损的，但亏损企业会得到中央政府的财政补贴，自身的压力并不很大。更重要的是主管部门掌握着所属企业的人事任免权。如果这些企业退出本行业，主管部门和地方政府也就丧失了这些利益和权力，所以他们会制造种种可能的退出障碍。有时中央政府出于政府信誉和社会稳定的考虑，会推迟对国有企业实施产业重组的计划。

第二，由市场退出的决策主体错位所导致的成本。市场退出的决策本应由企业所有者（主要是出资者）做出，但对我国国有企业而言，由于"所有者缺位"，退出决策成为政府部门、企业经营者和职工进行公共选择、讨价还价的过程。从政府角度看，国有企业不会退出机制，因为这与国有制是相容的。如果允许退出，那么必然由非国有企业来接管。由国有企业所有权不可退出，进而产生剩余索取权和剩余控制权的不可转让性。同时，让一个亏损企业维持生产不仅有利于缓解就业压力，而且还显示了当地政府的政绩，因而政府常常倾向于让企业继续生产而不是退出市场。对于企业经营者来说，由于产权因素和债权因素的双层软化，维持亏损状态可以维持既得利益。对于企业职工来说，长期享受稳定的工资待遇和福利待遇，市场退出使其面临下岗威胁，市场的不确定性越大，职工退出越难。

第三，由企业"内部人"的阻碍所导致的成本。"内部人"是指由企业的经理人员和职工共同组成的利益集团。从国有企业的经理人员来看，由于政府在同国有企业经理人员的委托-代理关系上，缺乏严格的监督约束机制，国有企业的经理人员可以利用手中的权力牟取私利。如果企业退出，许多老职工应当得到的那部分非工资福利就会丧失，他们自然会出来抵制企业退出。这里当然也包括职工不愿意退出的复杂"惜退"心理成本。

(三) 社会性沉淀成本

由于当前中国的社会保障体系尚不健全，国有企业从某些产业中退出时，无法将原有企业部分离退休职工转交给社会，而必须自己承担这部分职工医疗、住房和养老金等成本。换言之，资源型城市国有企业面临"企业办社会、债务负担和冗员负担"三大障碍，一并产生显著的社会性沉淀成本，阻碍资源型城市顺利转型。企业办社会是就业、福利和保障三位一体的体制，不能随便解雇职工，如果解雇工人，需要承担起身份置换成本。冗员问题与企业办社会极其相关，没有相应的社会保障制度，职工很难自由退出，因为身份一旦变化，福利、就业和保障将丧失掉。国有企业职工失业不仅仅失去工资，而且会失去福利和保障利益。如果不建立完善的社会保障体制，职工流动会产生大量的社会性沉淀成本，从而阻碍资源型城市经济调整。

(四) 生态性沉淀成本

资源枯竭地区曾经自然资源丰富，但是把重工业作为重要目标，把发展生产力建立在向自然界索取的基础上，取之于自然的过多，使自然资源供给相对萎缩，超负载运载，出现存量锐减，生态系统失衡，环境日益恶化，从而产生大量的生态性沉淀成本。一方面，将自然资源排斥在价格体制之外，从而造成以粗放方式掠夺资源；另一方面，出现大量资源赤字，环境不断恶化，从而造成无价或者廉价开采使用。这种开发方式不考虑资源的存量和用量，也很少考虑对其耗用、保护与管理，最终形成一些与资源密切相关的初级产品，所谓"原"字号的产品价格一直是低廉的。资源价值在产品生产成本中得不到正确体现，要素成本构成不完整，又导致采掘和开发资源所形成的初级物质产品拿到市场上交换收回的货币价值补偿不了这些资源的耗用。不仅如此，由于长期以来对资源耗用不进行折旧，也就无法通过正常的资金来源渠道去保护和管理资源，更无法对其进行再生及替换，致使资源耗用量逐年增多，有限的资源存量锐减，甚至枯竭，对社会再生产及整个经济运行产生强烈冲击。资源枯竭地区长期大量积存下来的上述资源价值补偿不足，致使相当一部分生产要素是没有价格的，不必通过市场与货币交换就进入生产流通领域，从而造成产品与货币市场上各种价值符号扭曲，经济运行机制畸形，生态环境失衡，从而衍生出大量的生态性沉淀成本，严重影响这些地区的经济发展和人们的福利水平。

由此可见，自然资源型产业转型不仅面临着因资产专用性和固定成本等带来的经济性沉淀成本，而且还面临着体制不完善造成的体制性沉淀成本、因国有企业"三座大山"——企业办社会和债务负担、冗员负担等产生的社会性沉淀成本，以及因自然环境被破坏或者沉陷区治理造成的生态性沉淀成本。一旦自然资源型产业开始转型，不仅会出现巨大的沉淀资产，还会使职工丧失就业工资、医疗保险、养老金等福利待遇，产生社会问题。这些都会阻碍自然资源型产业转型，严重影响其可持续发展。

只有解决了现有的这些沉淀成本问题，资源枯竭产业才能实现可持续发展，否则可持续发展的条件往往会被破坏。因此，只有了解沉淀成本的存在形式、形成过程及其影响，我们才能重视沉淀成本对可持续发展的影响，从而确立一个良好的投资补偿机制，将经济、社会、资源等纳入可持续发展框架中，避免产生沉淀成本。只有认识到这种关系，我们才能真正做到落实科学发展观，使资源枯竭产业再次发展起来，为构建和谐社会做出贡献。

第四节　沉淀成本对传统产业转型障碍的理论分析

一　沉淀成本造成非自由进入和退出

基于上面的例证分析，为了进一步说明经济性沉淀成本、体制性沉淀成本、社会性沉淀成本和生态性沉淀成本对自然资源型产业转型的影响，我们有必要再从微观角度分析经济性沉淀成本对企业投资的影响。令 I_t 为当事人在时间 t 时的物质资本投资数量，$I_t = I_t^+ + I_t^-$，该变量有助于当事人控制增加或减少物质资本数量，得到如下公式：

$$K_t = (1-\alpha)K_{t-1} + I_t \tag{2.1}$$

其中，K_t 为在时间 t 时的物质资本数量；α 为物质资本折旧率。当我们理解当事人的投资行为时，便可以理解其进入与退出行为。

在时间 t 时，当事人的利润函数为 $\pi_t = R(K_t) - C(I_t)$，其中 $R(K_t)$ 为总收益，$C(I_t)$ 为总成本。将等式（2.1）放到成本函数中得 $\pi_t = R(K_t) - C[K_t - (1-\alpha)K_{t-1}]$。当事人的利润约束为

$$\pi_t = R(K_t) - C[K_t - (1-\alpha)K_{t-1}] \tag{2.2}$$

现在考虑 I_t 投资行为的符号：当当事人进行投资时，它可能为正（$I_t^+ > 0$）；当在资本市场上不投资时，它可能为零，即 $I_t = 0$；当进行负投资时，可能为负，$-(1-\alpha)K_{t-1} < I_t^- < 0$。正如前面所述，沉淀成本很容易出现。为此，我们假设投资的边际成本总是大于负投资的边际成本，换言之，获得资本的成本总是大于废弃的价值，二者之间的差额便是沉淀成本。

当企业追求利润最大化时，根据边际收益等于边际成本，其最优原则是：

$$P \times \mathrm{MPI} = \mathrm{MCI} \tag{2.3}$$

其中，P 为产出的价格；MPI 为投资品的边际价值产品；MCI 为投资品的边际成本。这是标准的新古典竞争模型。

当物质资本投资是部分沉淀时，这一决策规则对物质资本配置有什么意义？

在发生沉淀成本的情况下，式（2.3）依赖物质资本的边际价值产品及其自身沉淀成本产生了四种可能的投资行为，参见图 2-2。在图 2-2 中，物质资本投资的边际成本等于单位购买价格 $S(I_t^+ > 0)$，以 SS 曲线表示。物质资本负投资等于其打捞价格 $s(I_t^- < 0)$，以 ss 曲线表示。$S > s$ 表明有沉淀成本。在第一种情况下（即投资区域 I），物质资本的边际价值产品较高，与投资的边际成本曲线 SS 相交于正投资区域，这表明当事人处于投资行为；在第二种情况下（即投资区域 II），物质资本的边际价值产品处于中间阶段 S_s，这表明他既不正投资也

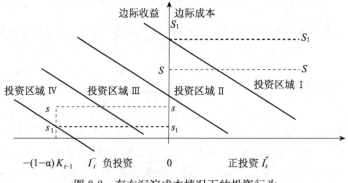

图 2-2　存在沉淀成本情况下的投资行为

不负投资。在这个投资相对固定的区域，当事人不易受外部经济环境的影响，这就是沉淀成本导致的结果。在第三种情况下（即投资区域Ⅲ），物质资本的边际价值产品较小，为 ss，当事人进行部分负投资。在第四种情况下（即投资区域Ⅳ），当物质资本的边际价值产品极小时，总投资完全退出。

在图 2-2 中，横轴表示投资，右侧为正投资，左侧为负投资。纵轴表示投资或负投资的边际收益和边际成本。如果 $S = s$，即 SS 曲线与 ss 曲线重合，表明没有沉淀成本，投资者完全据外界条件的变化而瞬时变化。一旦亏损，当事人会立刻进行负投资；反之，一旦有利可图，当事人会立刻进行正投资。这是标准的新古典竞争模型。然而，如果 $S > s$，至少存在部分沉淀成本，一旦投资失败，投资者有可能会等待退出，这偏离了标准的新古典模型。具体分析如下：

（1）沉淀成本将使当事人没有任何激励参与资本市场。例如，在投资区域Ⅱ时，往往出现观望，等待时机，没有任何投资发生。

（2）沉淀成本可以产生不可逆行为和滞后效应。滞后效应以不可逆效应为特征。例如，考虑当事人在时间 t 时处于投资区域Ⅱ，在时间 $t+1$ 时处于投资区域Ⅰ，在时间 $t+2$ 时需返回投资区域Ⅱ，这个当事人在时间 $t+1$ 时进行投资，在时间 $t+2$ 时不会进行负投资，尽管他事先知道在时间 $t+1$ 时需要返回时间 $t+2$。这是因沉淀成本带来的调整障碍。

（3）在有沉淀成本的情况下，信息不完全对投资会产生不利影响。在有沉淀成本的情况下，这意味着在后来的负投资时需要承担沉淀成本：信息越不完全，沉淀成本越大，面对的可能性越大，投资的激励越弱。同时这也意味着信息不完全和沉淀成本对投资有负面影响，影响企业进入。

（4）与第三种情况相关的是，进入要求进行投资，沉淀成本和信息不完全相互作用对进入（投资）有负面影响。换言之，沉淀成本和信息不完全构成了企业的进入壁垒。如果信息完全，不会发生沉淀成本，不会阻碍进入。只有在信息不完全的情况下，投资者才害怕投资成本无法得到补偿，从而造成投资不足。

（5）与此同时，在信息不完全的情况下，沉淀成本对退出有阻碍。在有沉淀成本的情况下，该投资者将面对后来再投资或重新进入的沉淀成本：信息越不完全沉淀成本越大，面对损失的可能性越大，负投资（退出）的激励越小。这表明信息不完全和沉淀成本减少企业负投资（退出）的激励，构成退出壁垒。因而，在这种情况下，很容易出现投资过度。

需要强调的一点是，这一模型同样也适用于分析自然资本、人力资本等经济性沉淀成本对企业进入与退出的影响。

接下来我们将体制性沉淀成本、社会性沉淀成本和生态性沉淀成本纳入分析框架，这不会改变我们的基本结论，它们的作用只是扩大沉淀成本的范围，加大当事人结构刚性调整的空间，加大当事人的退出和进入障碍，使价格信号更难以发挥作用。实际上，加入体制性沉淀成本、社会性沉淀成本和生态性沉淀成本相当于增加了企业的成本，也就是说，在当事人进入市场时，必须付出更大的代价，而当其退出市场时更没有讨价还价的力量，只能以更低的价格出售其资产，进而使企业正投资的边际成本曲线由 SS 变为 S_1S_1 曲线，负投资的边际成本曲线由 ss 变为 s_1s_1，资产的沉淀区域扩大为 S_1s_1。

由此可见，在没有沉淀成本的情况下，只要依靠产品价格信号，便能够有效地配置生产资源。然而，由于沉淀成本的普遍存在，各类资源的流动性减少，因而沉淀成本构成企业投资激励（进入）和负投资（退出）的基本障碍，很容易造成产业锁定效应[①]。

二 沉淀成本造成"敲竹杠"与非市场治理

如前所述，资产专用性是产生沉淀成本的重要原因之一，那么是否因资产专用性的存在就不能产生竞争行为？一般来说，从狭义角度看，资产专用性等同于沉淀成本。新制度经济学的主要代表人物之一威廉姆森首先采用了资产专用性、机会主义和交易频率等经济变量来解释交易成本存在的原因。在有沉淀成本的情况下，并不能说明没有竞争环境，只是需要通过非市场制度治理结构创造竞争环境而已，这再次回归了新古典经济学的环境。除了自然垄断技术优势，高资本投资成本也是自然垄断产业的一个特征。这些行业都专用于特定的地理区位，而且进行了大量不可补偿的、市场专用的投资。这些设施的资本只有较低的打捞价值，而且很难转移到其他市场上，除非处于原来的位置上。这些专业化的资本设备投资无法转移到其他用途上而变成沉淀成本。为此，需要降低交易成本的治理结构，以回收投资成本，避免出现沉淀成本。

事实上，沉淀成本使管制成为合理的，包括两个方面：一是沉淀成本有利于在位企业利用价格管制去保持其垄断势力；相反，技术变化会减少沉淀成本，从而导致放松管制。二是沉淀成本的出现使在位企业在管制条件下去回收投资成本。在自然资源产业中沉淀成本的补偿极为重要。

然而，在新制度经济学上，交易成本影响企业效率，降低投资成本回收能力。可以想象，生产者可以在市场上购买他所需要的全部投入品，在完全竞争市场状态下每一天的劳动力都可以在劳动市场上雇佣到，所有的资本都能定期地借到，每一批投入要素都能单独购进，而所有的产品都能够在公开市场上进

---

① 从这里可以看出，即使在马歇尔进入和退出条件下，只要存在沉淀成本，也存在滞后效应。但是，在存在不确定性条件下，由于期权价值或等待的机会成本的存在，也会扩大滞后效应（Dixit, 1992）。

行买卖。而在非完全竞争状态下，这些活动都将发生变化。科斯在尝试解释企业为什么会存在时发现，这种强调生产资源的方法将导致极高的交易成本。绝对依赖一次性契约会造成巨大的信息成本；在每一次交易中，都必须就新契约进行谈判，并监督和执行新契约。这就是为什么重复性生产活动通常在组织内部得到协调的原因。他的结论是，通过建立一种无限期的、准永久性的等级制度，或者将资源结合起来形成像企业那样的组织，可以减少在市场上买卖时某些投入的成本。虽然处置其产权的自由程度降低了，但因对组织的承诺降低了协调成本，产权的价值反而提高了。

威廉姆森（Williamson，1985）注意到与企业相关的一些信息：资本、知识和其他资源的所有者往往因技术上的原因，被迫不可逆地、长期地使他们的资源锁定在特定的形态上（资产专用性）。例如，货币资本的所有者将其资产固定在特定的资本品上；公司所有者将其货币资本投资在建筑物和设备上，就不可能轻易地将这些投资再转移出来。他们还获得了宝贵的专业化知识，这些知识只有在他们继续从事特定经营活动时才能被用上（人力资本专用性）。如果这样的专用资产能在一个很长的时期内不受干扰地运营，那么这些投资就一定会有收益。然而，其他互补资源的所有者，如熟练劳动者，却可能利用资本所有者和特定知识拥有者的这种不灵活性，对运营者进行"敲竹杠"或勒索较高报酬。

资产专用性的必要性可根据三个相互联系的条件推导出来。

（1）人只具有有限信息，从而最终要依靠有限理性来行动；

（2）如果没有制度的阻拦，人都是机会主义的；

（3）有些人持有的资产显然是专用性资产。

在这些条件下，关系性契约所规定的内容中有漏洞，有可能被机会主义个人所利用，损害专用性资产所有者的利益，而专用性资产没有其他适用的、合意的替代办法来改变资产的用途。

我们可以参照威廉姆森论证企业组织替代市场制度实质是交易成本的观点，他将交易成本分解为三个维度：交易不确定性、交易频率和资产专用性。为此，企业选择治理结构是基于交易成本最小化的考虑，进而将交易频率与有效的治理结构联系起来，如表 2-3 所示。

表 2-3　投资特点、交易频率与治理结构

治理结构 / 投资成本特点 / 交易频率		通用性	中度专用性	高度专用性
交易频率	次数少	市场治理	三方治理（新古典缔约活动）	三方治理（新古典缔约活动）
	经常性	市场治理	双边治理（关系性缔约活动）	单边治理

由此可见，在信息完全情况下，不论规模经济还是规模不经济，投资成本都可以得到完全补偿，生产资源可以实现最优配置，自由进入和自由退出市场或产

业，可以实现帕累托最优。然而，在信息不完全情况下，沉淀成本有可能发挥不利的作用，威廉姆森所说的根本性转换（fundamental transformation）无法实现，此时非市场制度治理结构显得十分重要，例如，长期契约、垂直一体化、激励相容或产权结构都十分重要，其目的都是通过生产产品和劳务间接补偿投资成本，以提高利润率。由此可知，只要降低交易成本和不确定性的制度安排，就能够降低沉淀成本的数量，从而有助于企业参与竞争，创造出自由进入与自由退出机制。

因此说，如果资产专用性水平不高，市场就会成为有效的治理结构，而资产专用性水平较高，则是引起非市场制度治理的关键。正是由于沉淀成本的存在，才有准租金的存在，从而因攫取准租金这一"敲竹杠"而导致投融资不足。尽管存在沉淀成本和信息不完全，但是可以通过其他非市场制度降低交易成本，节约有限理性的治理结构来降低沉淀成本，不论企业是否形成规模经济，都不排除市场竞争行为。沉淀成本（资产专用性）与交易成本最小化或不确定性最小化的治理结构相联系，同样可以创造市场竞争行为。

三 沉淀成本造成不确定性条件下的实物期权

由微观经济学基本原理可知，只要价格高于平均成本，企业就会进入。然而，在一个收益随机的世界中，收益的实现也表明继续投资项目的期望值。较大的损失会导致较大的方差，结果往往导致更大的期权价值。这是因为期权的价值随着方差（不确定性的数学表示法）的增大而变大。因此，不可逆投资的信息显示作用因考虑期权价值而被放大了。其中，不可逆投资也就是沉淀投资，它与固定成本完全不同。固定成本具有可逆性，即具有通用性，不会导致投资损失。所以，在不确定性条件下，沉淀成本可以提供有价值的期权价值，从而使等待投资有机会成本，也需要加以考虑。

迈耶斯（Myers，1977）首创实物期权概念，而平迪克（Pindyck，1991a；1991b）则指出，在一个未来具有确定性的世界里，沉淀成本类似于固定成本，不会产生期权价值。然而，在一个未来具有不确定性的世界里，固定成本和沉淀成本的重大差别就在于沉淀成本会产生期权价值，而固定成本不会产生期权价值。此时，过去的经验通常会揭示有关未来价值的一些信息，从而为决策提供信息源。维持投资会产生信息，而终止常常不会产生信息。因此，麦克唐纳和西盖尔（McDonald and Siegel，1986）、特里格杰斯（Trigeorgis，1996）认为，维持投资有期权价值。期权价值是由过去或历史的相关信息揭示出来的，经常是亏损之后继续追加投资这种预期利润最大化心理的直接反映。当前损失较大可能意味着好消息，特别是当出现损失的变动性较大（即损失的方差较大）这样的信号时，这个较大的方差往往会增加继续投资的期权价值。

在什么条件下,实物期权方法是有效的? 第一,投资决策必须是可延期的。如果投资不是可延期的,那么投资机会在后来就不是开放的,所以也就不存在延期投资的选择了。第二,投资决策必须至少是部分沉淀的。如果投资没有沉淀成本,那么就没有选择价值了,这是因为企业无论是现在投资还是以后投资都不会有任何损失。第三,必须有投资优越性的不确定性。严格来说,必须有投资劣势的可能性,企业才能更偏好撤销投资决策。在确定性条件下,投资的好处都可能完全预测到,不可能偏离计划的行动路线图。第四,企业可以预期有关投资项目好处的未来新增信息。否则,企业会立即投资,不会等待潜在的信息收益,这是延期投资的期权选择的条件。

当以上四个条件被满足时,就意味着延期投资有期权。实物期权方法类似于股票上的金融看涨期权。而看涨期权的价值 C 可由布莱克-斯科尔斯-莫顿(Black-Scholes-Merton)公式获得。

$$C = Se^{-\delta T}N(d_1) - Xe^{-rT}N(d_2)$$

$$d_1 = \frac{\ln(\frac{S}{X}) + (r - \delta + \frac{\sigma_S{}^2}{2})T}{\sigma_S\sqrt{T}}$$

$$d_2 = d_1 - \sigma_S\sqrt{T}$$

其中, S 为股票价格; T 为持续到终止时间; X 为执行价格; r 为无风险的利率; $N(d)$ 为标准正态分布的密度; δ 为放弃的红利率; $\sigma_S{}^2$ 为股票价格的方差。

依据 B-S-M 公式,特里格杰斯(Trigeorgis,1996)模仿金融期权来类推实物期权价值来源,我们由此发现了它们对期权价值的影响方向。如表2-4 所示。

表 2-4　等待投资的期权价值来源

延期投资的期权价值来源	延期投资的期权价值大小	股票金融的期权价值来源
(1) 投资现金流的贴现值越大(小)	期权价值越大(小)	股票价格
(2) 初始投资的支付额越大(小)	期权价值越小(大)	执行价格
(3) 机会消失前的时间越长(短)	期权价值越大(小)	终止前的时间
(4) 贴现现金流的标准差越大(小)	期权价值越大(小)	股票价格标准差
(5) 无风险的利率越大(小)	期权价值越大(小)	无风险的利率
(6) 延期放弃的现金流越大(小)	期权价值越小(大)	放弃的红利

可以看出,投资的预期现金流的贴现值越大,初始投资支付额越小,在机会消失前投资决策(执行期权)的可能性越大,贴现现金流的标准差越大,无风险利率越大,延期放弃的现金流越大,这都会增加延期投资的期权价值,从而导致企业延期进入。反之,投资者就会立即进入。

为此,我们通过表 2-5 来进一步理解影响沉淀投资的时间选择因素。

表 2-5　沉淀投资最优时间选择的因素分析

影响因素	时间选择
（1）排他性越大（小）	延期（提前）进入
（2）竞争带来的损失越小（大）	延期（提前）进入
（3）放弃贴现的现金流越小（大）	延期（提前）进入
（4）投资相互依赖的信息越小（大）	延期（提前）进入
（5）延期投资利息的收益越大（小）	延期（提前）进入
（6）投资现金流的不确定性越大（小）	延期（提前）进入

我们发现，有时提前投资是有利的，有时延期投资是有利的，具体来说：

（1）如果竞争者有同等的投资机会，并且因竞争导致的损失很大，因提前投资可以避免，所以会采取提前投资；反之，会延期投资。

（2）如果放弃较大的现金流，那么就会提前投资；反之，就会延期投资。

（3）如果投资设法使企业有信息收益，以改进相关投资的质量，也会提前投资；反之，就会延期投资。

（4）如果从延期投资中获得的利息收益很小，也会提前投资，反之，就会延期投资。

（5）如果因为不确定性，使灵活性有较低价值，也会提前投资；反之，就会延期投资。

通过上面的微观经济学完全竞争市场模型扩展可知，沉淀成本对自然资源型产业转型会造成不利的影响，严重影响自然资源型产业的可持续发展。我们知道，在信息完全或无交易成本的情况下，不会发生任何沉淀成本，自然资源型产业转型没有任何障碍，可以依靠市场，自由进入和退出产业。但这只是理想状态，由于资产专用性和交易成本的普遍存在性，沉淀成本也普遍存在。此时，投资成本受产业结构、市场供求等影响，很难瞬时自发调整，从而严重阻碍自然资源型产业的顺利转型，往往造成锁定效应。只有解决了沉淀成本，才能创造出自由进入和退出的市场环境，从而有助于现有企业或产业退出市场或产业，确立自然资源型产业转型新的理论框架。

因此，管理或补偿沉淀成本是切断产业结构刚性或滞后效应的关键，也是加速资源型产业产业转型和经济发展的关键。具体来说，可以从以下几个方面来进行。

（1）完善产品市场和资产市场，理顺市场价格以达到补偿沉淀成本的目的。大力降低各类市场上的交易成本，保护产权。尊重契约自由，打破经济或行政垄断，促进生产要素在产业或区域间的流动，给各类资产提供更多的重新利用的机会，从而降低资产的沉淀成本。

（2）受益地区补偿或援助受损地区。这主要包括两个方面：一是同行业内的补偿。在一个行业，一些企业的退出会使那些留在这个行业中的企业受益，因此，制定措施让那些留下的企业向退出的企业提供补偿有充分的理由，可将行业内留存企业的收益的一部分通过有关政府机构或政府指定的金融机构返给退出企业，作为退出企业的补偿成本。二是跨行业的补偿。这种情形主要指一国实行开放政策后受益行业向受冲击行业提供的补偿，一个国家对外开放扩大，削减关税是一项重要内容，那些受保护程度明显降低的产业有可能会面对进口品的有力竞争，导致生产缩减和员工失业，但与此同时，另一部分使用进口投入品的行业会因进口投入品的价格降低而受益，一种可行的方式就是从使用进口品企业的得益中分出一块，作为受冲击企业的调整援助基金。资源型城市曾经为我国国民经济发展做出过重大贡献，在其陷入困境的情况下也需要其他获益地区给予补偿。

（3）建立职工社会保障制度。对于那些企业无力提供培训和实施再就业的职工或者不具备再就业条件的职工，应由国家及当地政府建立自然资源型产业转型专项职工社会保障基金，以保证其基本的生存需求。例如，建立私人保险或政府保险，实施社会安全网（食品和福利计划）以及价格支持计划（最低生活保障标准）等。这些措施都可以减少因职工流动而产生的体制性沉淀成本。

（4）资源型城市再就业政策。对于一些集中存在失业问题的行业和地区，仅仅靠一般的社会保障体系是不够的，政府需要制定一些特别的处置措施，例如，由政府设立或资助职业介绍机构和职业培训机构，录用特定行业、特定企业失业职工的企业可以享受政府补贴，雇佣特定行业失业职工达到一定比例的企业可享受贷款、税收方面的优惠，由政府出资和支持的公共工程的招标与雇佣退出企业职工相结合等。否则，仅仅是来自工人方面的反对意见，就可能会长期延误调整。这就要根据城市就业和产业发展的需要，设立若干不同类型、不同专业、不同所有制、不同层次的培训中心，有针对性地进行分门别类的培训，为发展接续产业创造人力资源，以促进工人在各个产业之间的流动，降低自然资源产业的人力资本沉淀。

（5）允许自然资源型产业的大中型企业并购和重组。自然资源型企业或以部分产权换资金、换技术的方式向外商开放，或以租赁的方式向外商提供闲置厂房、设备和土地等生产要素，在有条件的情况下也可以实施企业并购和重组。在这个过程中，确立合理的产权关系，降低委托代理成本，增强激励约束，期望在降低企业内部交易成本的同时，能够提高企业内部效率，创造一部分收益，补偿经济性沉淀成本和体制性沉淀成本。如果企业的退出和重新进入过程与有前途的企业扩张过程结合起来，传统产业收缩本身就是新兴产业的扩张过程，也是产业组织结构的优化过程。对于由外商投资单一自然资源型产业的现有企业，国家应在各方面比照经济特区的优惠政策予以扶持。

（6）在自然资源型产业转型过程中政府扮演着不可替代的角色。自然资源型产业转型问题不仅仅是产业本身的问题，还是一个区域经济发展问题，因此，政府需要进行整体区域规划，确立科学发展观，形成稳定的体制环境和预期环境。政府除了对自然资源型产业给予税收减免或加速折旧等政策以外，还要尽量降低交易成本，提高资产交易效率。政府通过对公共基础设施的投资可以降低交易成本，进行教育、培训及研发和市场信息投资也可以减少交易成本。因为，研发与信息搜集等对于私人主体都会产生沉淀成本，政府承担了这一成本，就可以减少企业的沉淀成本。这就需要政府制定一系列经济转型政策，主要包括：设立专门的机构并向其提供资金和给予土地转让权，使其开发适合现代制造业发展的新工业区；以优惠政策吸引其他地区的企业家前来投资，并给予这类投资者财政、税收、金融各方面的优惠等，降低企业进入的沉淀成本，为发展接续产业创造条件。

可持续发展理念的提出，是对人类发展经验教训的反思，特别是对工业社会发展道路反思的结果。工业革命以来，人类在创造巨大社会财富的同时，也对赖以生存的自然环境造成极大的破坏。传统发展模式引发的资源和环境等诸多方面的危机，使人类社会发展陷入不可持续的境地。如何利用有限的自然资源、保护脆弱的生态环境，并使发展成为既满足当代人的需求，又不对后代人满足其自身需求的能力构成危害的发展，是可持续发展理念探寻的核心问题。

与先期工业化国家一样，工业化对自然资源的需求促进了我国众多资源型城市的产生，其中有1/3分布在东北地区。新中国成立以来，资源型城市为国家经济建设做出了巨大贡献。同时，在长期的传统发展模式和计划经济体制下，资源型城市逐渐陷入"资源陷阱"（resource trap），在经济发展、社会保障、生态环境保护等方面出现了问题，从而使自然资源型产业转型和可持续发展成为当务之急。

在市场机制不完善的条件下，不仅货币价值补偿难以实现，而且更为重要的是，还会阻碍实物补偿的实现。由马克思的再生产理论可知，补偿是社会再生产过程中客观存在的经济范畴，是经济持续运行的重要环节。实现补偿，标志着旧的生产过程的终结，新的生产过程的开始。马克思认为，社会再生产过程的耗费，不仅需要得到价值补偿，以保证社会产品价值以合理的比例关系组成，而且需要得到使用价值的补偿，即以各种各样的物质形态进行补偿。补偿是制约生产、分配、消费和交换整个再生产过程的重要因素。它是保证简单再生产顺利实现必不可少的条件。马克思（1975）曾经说过："这个旧价值是作为产品价值的组成部分再现出来的，而不是在这个商品的生产过程中产生的。它之所以作为商品价值的组成部分存在，只是因为它以前已经作为预付资本的组成部分了。因此，所耗费的不变资本，是用它本身加到商品价值上的那部分商品价值来补偿的。"人类生产活动一旦开始，补偿也就随之产生，但新古典经济理论难以解释资源枯竭和生态环境污染问题，就连 GDP 指标也无法衡量生产过程中所付出的包括环境效益的活劳动和物化劳动耗竭问题。产生上述问题的原因固然很多，但其症结还是在社会再生产过程中把资源、生态、环境等因素排斥在价值运动之外，没有建立和形成适合经济、社会和环境协调发展的价值运动体系。因此，需要根据马克思再生产原理，吸收生态经济学、资源经济学和环境经济学的观点，从价值补偿和实物补偿角度探讨可持续发展问题，从而使补偿本身变为一个社会动态的调整过程。

马克思在强调价值补偿的同时，更加关注实物补偿，这是马克思主义经济学独特的地方，也是分析可持续发展的特殊切入点，强调投资要素的价值补偿和实物补偿的重要体现。马克思把投资成本与生产过程结合起来，按照资本价值转移方式将生产资本划分为固定资本和流动资本，并且指出，流动资本一次性将其价值转移到产品价值中去，而固定资本逐渐转移到产品价值中去。正是由于固定资本自身的有形损耗和无形损耗无法得到直接补偿，马克思才更多地关注社会产品的价值实现问题。因为如果价值补偿本身受阻，就难以进行简单再生产了。换言之，即使价值补偿得到实现，由于实物补偿没有得到补偿，简单再生产也无法进行，社会再生产过程会中断。

马克思（1975）十分关注固定资产，这是马克思主义经济学区别于新古典经济学的一个重要特征，从而使新古典经济学成为一个无法安置长期固定资产的学说。马克思认为，固定资产的价值损耗由两方面原因引起：一是固定资产的有形损耗；二是固定资产的无形损耗。马克思指出："机器的有形损耗有两种。一种是由于使用，就像铸币由于流通而损耗一样；另一种是由于不使用，就像剑入鞘不用而生锈一样。在后一种情况下，机器的损耗是由于自然作用。前一种损耗或多或少地同机器的使用成正比，后一种损耗在一定程度上同机器的使用成反比。固定资产无论使用还是不使用，都会发生有形损耗。固定资产因使用而发生的有形损耗是大量的、主要的，这种损耗的程度主要取决于其工作负荷强度和固定资产本身的质量。"马克思还指出："机器除了有形损耗以外，还有所谓的无形损耗。只要同样结构的机器能够更便宜地再生产出来或者出现更好的机器同原有的机器竞争，原有机器的交换价值就会受到损失。在这两种情况下，即使原有机器还十分年轻和富有生命力，它的价值也不再由实际物化在其中的劳动时间来决定，而由它本身的再生产或更好的机器再生产的必要劳动时间来决定的。因此，它或多或少地贬值了。"（马克思和恩格斯，1972a）

实际上，马克思对固定资产的价值补偿与实物补偿的强调，完全可以应用到对其他投入要素的分析上去。换言之，我们可以将马克思主义经济学对固定资产的分析一般化到对其他投入要素的分析中，从而看到价值和实物双重补偿的重要性。正是考虑到实物补偿，使马克思主义经济学超越了新古典范式——

价值补偿，即使实现了价值补偿，也会因实物补偿受阻，严重影响简单再生产过程。价值补偿和实物补偿是简单再生产的必要条件，忽略了任何一方面补偿，简单再生产都无法持续下去。因此，马克思十分强调生产耗费补偿的重要性。生产耗费的补偿是企业、社会维持简单再生产的起码条件和扩大再生产的必要条件。

资产折旧是理解固定资本生产耗费补偿的关键。资产折旧是一个连续过程，随时随地都在以不同的速度发生着。马克思指出："这种生产资料把多少价值转给或转移到它帮助形成的产品中去，要根据平均计算来决定，即根据它执行职能的平均持续时间，从生产资料进入生产过程时起，到它完全损耗不能使用，而必须用同一种新的物品来替换或再生产为止。"（马克思和恩格斯，1972b）

不仅如此，要素市场不完全及买卖双方信息不对称，也会导致价值补偿受阻，从中我们可以看到每个环节对补偿的影响。马克思把社会生产划分为简单再生产和扩大再生产两种形式。在整个社会再生产过程中，一种是补偿，更换从过去一直到现在已经积累起来的劳动资料，在实物形态上实现其原有规模的再生产；另一种是积累，在实物形态上增加现有的劳动资料规模。马克思指出："年劳动产品的价值，并不就是这一年新加劳动的产品。它还要补偿已经物化在生产资料中的过去劳动的价值。因而，总产品中和过去劳动的价值相等的那一部分，并不是当年劳动产品的一部分，而是过去劳动的再生产。"（马克思和恩格斯，1972b）因此可以说，在全部年产品的价值中，一部分是属于过去劳动的价值，另一部分是属于新增加劳动的价值。过去劳动的价值，又可以分为两部分，一部分体现在已消耗掉的原料、燃料、辅助材料等劳动对象上面，一部分则体现在已损耗的机器、设备、厂房、建筑物等劳动资料上面。为了使简单再生产正常地维持下去，其中的重要条件之一是耗费多少劳动资料就要补偿多少劳动资料，只有根据生产过程中的各种损耗与消耗，及时地、足量地进行补偿，才能保证简单再生产顺利进行，为扩大再生产奠定基础。

合理补偿投资成本是研究社会再生产过程的核心内容。社会再生产的价值构成形式及其运动，主要包括固定资产和流动资产及剩余价值，其运动形式则主要是这三个构成部门的价值运动。固定资产的价值运动，主要是按照厂房、机器、设备的有形损耗和无形损耗，采用提取折旧的形式来补偿已经消耗掉的劳动资料价值。如果忽视这部分补偿，就达不到利用它来扩大再生产的目的，甚至还会影响到简单再生产的进行。流动资产是由不同部分价值构成的，其中主要是原材料（包括自然资源和环境等）、辅助材料和摊入劳动力价值的部分。通过再生产运动，产品中包括原材料、辅助材料转移的价值，也包括劳动者新创造的价值。在生产连续进行的条件下，流动资产的价值必须重新转换为原材料、辅助材料和劳动力，这便构成流动资产的价值转移和补偿机制。固定资产和流动资产价值运动的方式及其内容联系到一起，便构成了社会总资本的再生产运动。社会总产品的各个组成部分，在价值上如何补偿、在实物上如何更换，直接关系到社会生产的按比例发展问题，它是简单再生产的实现条件和扩大再生产的平衡内容，直接反映国民经济各个部门之间的相互需求、相互供给，形成互为条件、互为制约的关系。

事实上，当前我国大量的以资源为主导产业的地区经济发展或多或少面临着锁定效应和路径依赖问题，产业结构单一，投资和产出围绕某一主导行业甚至企业进行。资源型产业的发展必须在考虑资源禀赋的基础上进行前瞻性反锁定的制度安排，以便实现资源型产业的可持续发展。一旦进入纳什均衡稳定状态，即使处于低效率状态，仍然会无法自拔，除非有强大的外力推动，否则就会一直持续存在。这也是为什么要研究锁定效应的重要原因。

第五节 传统产业转型升级的悖论分析

对于新古典经济学理论假设前提的否定，最有说服力的就是诺贝尔经济学奖获得者的信息不完全理论和行为经济学。2001 年斯蒂格利茨、斯彭斯和阿克洛夫的研究强调了信息不对称对市场理论的贡献，2002 年卡尼曼和史密斯以心理学为基础，提出决定人类的经济行为的不是像概率那样的理性，而是心理因素。在这种情况下，主张人类理性和市场有效率的新古典经济学受到了攻击，前者质疑了市场稳定性，后者质疑了理性选择，这种理论上的新进展也会对传统产业转型升级产生影响。

由于在完全竞争市场上，企业作为一个投入-产出生产函数，仅仅根据边际收益等于边际成本的原理追求利润最大化，此时市场需求者和市场供给者走到一起，根据市场价格的升降自发调整资源配置，只要 MR 大于 MC，企业就会继续投资，而不会出现所谓的企业升级问题，这只不过是一个市场价格自发调整。即使出现了投资错误，出现了沉淀成本，也会根据边际收益和边际成本大小进行，无须考虑沉淀成本，如图 2-3 所示。

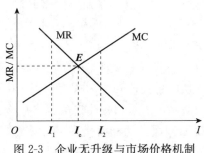

图 2-3　企业无升级与市场价格机制

在图 2-3 中，我们初始假设市场均衡在 E 点，此时边际收益等于边际成本。然而，一旦在均衡点左侧，MR 大于 MC，那么企业就继续投资，直到二者相等。反之，当在均衡点右侧时，边际成本大于边际收益，企业将会减少投资，直到二者相等。

既然如此，为什么会发生企业升级问题？换言之，如果 MR 小于 MC，企业还会继续投资吗？这就需要反思市场均衡价格形成的假设前提。正是由于这些典型的假设前提包括完全信息、独立行动、利益完全对称、无人失误、无互惠准则、监督和实施的成本为零，以及环境无自主转化能力等，新古典经济学的这个完全竞争市场模型可以说是非常特殊的模型，而不是一般的理论。由于这些假设在现实世界中无法得到满足，从而企业的产量或投资调整无法根据市场价格信号进行调整。更有可能的是，一旦我们进入企业内部，我们会发现企业投资决策是非常复杂的，根本无法实现完全竞争市场模型所要求的那些条件，特别是如果将内生偏好、心理或代理成本考虑进去，不仅能够解释表面上的非理性投资，实际上是理性的，而且还很容易理解升级悖论（即背道而驰）问题。

一 代理成本与传统企业升级

新古典经济学简单地将企业视为一个生产函数，这一假设只有在交易无成本或信息完全条件下才成立。然而，由于信息不完全或正交易成本的存在，特别是在信息不对称条件下委托-代理关系的存在，代理人追求效用最大化而不是利润最大化，从而导致升级行为。当放弃投资项目仅仅是经理自己拥有的私人信息时，管理者的声誉就成为决策中重要的因素。追求效用最大化的管理者可能做出导致升级的行为，持续投资项目将超出财务上的最优点，从企业角度看，便产生了升级。通常，声誉效应会扭曲决策者的偏好。克瑞普斯和威尔逊（Kreps and Wilson, 1982）用声誉效应解释"连锁店悖论"，米尔格罗姆和罗伯茨（Milgrom and Roberts, 1982）用声誉效应解释掠夺性定价。企业是连续生产还是转换生产依赖于决策者拥有的私人信息程度。有关人力资本的私人信息就是决策者的个人能力或水平。在这种情况下，经理转换生产意味着传递损害经理声誉的信息，结果会损害他在劳动市场上的能力声誉和就业机会。如果忽略了声誉效应，那么就不会发生产生升级行为这一难题。同时，在信息公开的条件下，升级也不会发生。这是因为当后来的信息与以前的承诺发生矛盾时，经理总是选择生产转换，从而将失败归结为外部原因。由于在私人信息条件下，经理的声誉扭曲了经理的激励，一旦出现生产转换，就要忍受丧失自尊的痛苦。因此，为了保护自尊或挽回颜面，他们将失败归咎于运气不好，抱怨其他人参与对市场的操纵等，从而出现升级，正如斯蒂格利茨所说，升级就是继续错误的代价由别人承担，而承认错误的代价由自己承担。

通常，对企业来说 MC 大于 MR 属于升级。但是，对于决策代理人的私人价值来说支持升级，主要是因为代理人的 MC 小于 MR，这已经在体现在卡诺迪亚等的著作中（Kanodia et al.，1989）。他们的主要观点是：升级对企业来说是次优的，但是对代理人来说是理性的。这些代理成本是一个摩擦或损失，从而可以认为契约或信任都不充分，所以无法完全消除不同利益缔约方之间的冲突。在信息不对称条件下，对于失败的投资项目进行升级符合代理人的私利，如果他拥有升级决策的结果的私人信息——MC 大于 MR，而企业所有者（委托人）根本没有，那么经理（代理人）就会理性地对企业继续投资，尽管这不符合企业的最大利益。特别是，如果升级能够补偿以前导致的投资损失，保持经理的声誉，如果上级管理部门没有认识到已经发生了损失，那么经理将有强大的升级激励。从企业委托人角度看，升级是错误的；但从代理角度看，当决策者的声誉重要和信息不对称出现时，升级却是理性的（Knodia et al.，1989）。如图2-3 所示，尽管企业投资处于均衡点右侧，但由于代理人的声誉效应，投资点继续向右移动，从而使企业继续追加投资，于是就会出现企业升级，这也是恶性的升级。

二 前景理论与传统企业升级

在新古典经济学中，经济人概念是以行为和思维上完全理性的人作为分析对象的。这一经济人的主要特征：一是对每种选择都要计算发生的概率和期望效用，并且选择其中带来最大效用者；二是获得无偏的信息，对决策信息充满无限兴趣，不拒绝任何信息来计算决策成功的可行性概率；三是基于情感所做的判断没有丝毫扭曲，决策者以冷静和谨慎的态度做出评价与决策，不会受到兴奋、贪婪、害怕、恐惧、强烈的控制欲或自我肯定等的影响，是一个没有感情的人；四是具有稳定的效用函数。每次做决策，财产也随之变化。然而，现实对于这种完全理性是不可能满足的，所以行为经济学家通过打破新古典经济学的完全理性假设，考虑心理因素——情感、直觉，以及有限记忆等，从管理者心理效用角度理解升级行为。

许多研究者已经指出，升级是一个效用最大化的过程，如果人们对损失有一个凸性负效用函数，结果在收支平衡被打破而出现亏损时，他们就会偏好赌博。这与卡尼曼和特维斯基（Kahneman and Tversky，1979）的前景理论结论相同。前景理论是个人在风险条件下选择的认知理论。现我们令沉淀成本等于 C_0。在沉淀成本投资前后，一个人成本与收益的参照点分别是 C_0 和 0，那么根据这个论断就可以认为 $U(C_0)$ 小于 $U(MR-MC-C_0)$ 就是正常投资。在形成成本沉淀之后，他就会重新确定参照点，那么正确的比较就是 $U(0)$ 与 $U(MR-MC)$，这个次优升级就不可能用这种方法解释。进一步说，Heath（1995）认为，如果边际成本以不同于沉淀成本的货币支付来表示，那么升级就会被阻止。而且，边际成本和沉淀成本不会自然地加总，所以，$U(C_0)$ 小于 $U(MR-MC-C_0)$ 升级就不会成立。决策者系统地架构决策影响决策选择。当决策结果被描述为损失（负架构），与同样的结果被描述为收益（正架构）相比，经理人更愿意承担风险避免损失。正因为这样，个人在失败后处理信息与成功后处理信息可能是不同的，这种不同的处理可以解释升级的差别。正是在这种情况下，怀特（Whyte，1993）指出，尽管从经济理论角度看，沉淀成本与未来决策不相关，但是，在决策背景下，沉淀成本的出现可能使决策者做出冒险行为。前景理论不同于期望效用理论，它描述了在风险或不确定性条件下的理性选择行为。一是前景理论更加现实，人们都是相对于中性参照点进行收益和损失估价的，比如现状，而不是依据总财富数量；二是前景理论依赖"确定性效应"，"确定性效应"使我们在损失之间选择风险偏好，在收益之间选择风险厌恶。确定性效应应用的核心是，时序决策是以反映以前决策的成功或失败而架构起来的。当面临正反馈时，决策将在收益之间进行选择；当面临负反馈时，决策将在损失之间进行选择。在前一种情况下，管理者往往是风险厌恶的，而在后一种情况下，管理者往往是风险偏好的，如图 2-4 所示。市场需求减少导致均衡产出减少为 Q_1，但是由于决策者由风险厌恶转向风险偏好，偏好的改变导致供给曲线向右移动到 S_1，从而导致产出增加到 Q_2，也会出现企业升级，这也是一种恶性的升级行为。

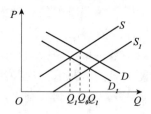

图 2-4　前景理论与企业升级

三　过度自信与传统企业升级

行为经济学将心理学和经济学结合起来，为我们研究企业升级的心理机制提供了非理性解释，又因考虑心理成本再次被纳入广义理性解释，突破了新古典经济学的狭隘理性。在许多升级情况下，相对于看同一事物的外部旁观者，代理人很可能高估边际收益 MR，低估边际成本 MC。通常，MC 和 MR 的感受可能都被分别测算，很可能都与升级行为有关。因此，从心理学角度也可以解释企业升级行为。

（1）自我辩护解释升级。非常系统和全面论述升级理论是由斯特瓦（Staw，1976）提供的，他认为自我辩护是持续性的最主要动机。首先，他指出，与新古典经济学强调理性不同，为了证明自己或者向别人证明自己有能力和理性，当出现错误时，代理人可能强迫自己认为自己的行动是正确的。其次，他区分了向后看理性和向前看理性以理解承诺过程。新古典经济学模型就是向前看理性，仅仅根据预期收益和预期成本进行决策；相比之下，向后看理性是指补偿过去的损失和寻求未来收益的想法。在这种情况下，过去导致的并且预期在未来不能再发生的成本或损失对于决策来说是相关的。考虑过去已经发生的沉淀成本这种行为是自我辩护，而且也构成向前看理性和向后看理性的重要差别。最后，他指出，对于错误或失败的结果实行个人负责制的情况决定了是向前看理性还是向后看理性。当个人有高度自我保护意识，投资失败时，个人负责制就会采取向后看理性行为，进行自我辩护，就会产生升级行为。当个人有低度的自我保护意识，投资失败时，个人负责制就会采取向前看理性行为。人们将倾向那些与自己信念相一致的信息，抛弃与自己观点相冲突的信息，特别是在投资失败之后，决策者会最大限度地利用积极的、可免除责任的信息。因此，自我辩护动机不仅影响决策者挽救风险的过程，而且影响决策者所需要的信息的正确性，机会主义心理动机使升级十分普遍。

（2）避免资源浪费解释升级（Arkes and Blumer，1985）。理论上，当事人愿意继续投资，对于完成一项投资项目，没有任何经济（理性）原因。新古典经济学和会计学告诉我们，决策者进行投资决策时，应该根据预期边际收益和边际成本进行。然而，人们并不像新古典经济学家那样决策。在面对存在大量的沉淀成本的情况时，尽管决策者对这些成本的产生不负责任，但仍然有完成项目的趋势。这些解释与斯特瓦的自我辩护解释不一致。由于经济会计学中不考虑沉淀成本，而心理会计学则考虑沉淀成本，这些数据表明，虽然从经济学角度看失败的投资是沉淀成本，但是从心理学角度看，它们却不是沉淀成本，仍然会继续影响以后的投资决策。

（3）目标导向的持续性理论解释（Fox and Hoffman，2002）。在日常生活中，升级行为被描述为"失败之后继续投资"，"在失败面前高飞"，"对抗厄运"。它们共同的特征是给表面上不具有逻辑性的行动以心理学逻辑，进而透视出升级的非理性特征。然而，持续性理论认为，向前看是获得成功目标的关键。当完成意愿上升时，不管自我辩护的动机，以及过去沉淀成本的大小，升级行为强度都将增大。升级仅仅是动态过程的结果，是确保目标实现和个人需要实现的过程。它不仅仅是惯性问题，毋宁说是维持惯性问题。一个人不可能根除惯性机制，而是必须重新让这些惯性机制如何对自己更为有利。从持续性角度看，目标可得性和目标合意性的信息是非常重要的。低实现可能性和低合意性会弱化目标力量，导致决策者寻找更好、可替代的目标。与自我辩护和前景理论（往往受到过去失败和沉淀成本的影响而作为非理性出现）相比，持续性理论把升级作为人类动机的理性产物。这种方法主要考虑向前看目标的实现而不是过去的失败，从而再次回到理性而不是非理性中来。市场需求减少导致均衡产出减少为 Q_1，但是由于决策者的心理成本，导致供给曲线向右移动到 S_1，从而使企业继续追加投资，导致产出增加到 Q_2，也会出现企业升级，MC 大于 MR 属于正常升级。但是由于决策者考虑 SMC 社会边际成本小于社会边际收益 SMB，则属于恶性升级。

第三章

自然资源型产业的特点、现状及存在的问题

　　新中国成立以来，我国自然资源型产业在经济转型和可持续发展方面做出了重要贡献。一些城市虽然由矿业起步，但在资源开发的同时，比较重视对资源的合理开发和综合利用，城市产业得到较成功的调整，出现了较多的非资源产业新增长点，第一、第二、第三产业得到了较合理的发展。但大多数自然资源型产业仍未摆脱传统发展模式所遗留的大量经济问题的困扰。这些产业由于开发时间较长，长期以来形成畸形的单一、超重型的产业结构，使各种经济问题由于主体企业衰退而日益严重，从而不得不面临经济后继发展无力的尴尬局面。研究其背后的一般经济规律成为一个重要课题。

　　长期以来，自然资源型产业在发展矿产开采和加工业方面，为国家的经济发展做出了巨大贡献，具体体现在：

　　一是为工业化提供了物质、资金和人才。在18世纪的工业革命中，冶金业、煤炭业和采矿业的发展促进了整个社会经济的发展。而在19世纪末20世纪初的技术革命中，钢铁工业、化学工业、汽车工业、石油工业等新兴工业部门的迅速崛起，又为经济的进一步发展提供了强有力的动力。自然资源型产业作为工业经济发展的基础，为工业化的最终完成提供了大量的物质、资金和技术人才。首先，自然资源型产业的发展为经济的发展提供了大量的能源、原材料与机器装备等重要的生产资源，为制造业的迅速发展提供了物质基础。例如，1999年，中国矿业城市全年的矿业产值占当年全国矿业总产值的81%（胡魁，2001）。其次，自然资源型产业向国家上缴了大量利税，为工业化的发展提供了资金积累。最后，资源型企业还培养和造就了大批技术力量，促进了行业整体的发展。例如，早在20世纪50年代，鞍钢就支援建设了包钢和武钢；60年代和80年代，又分别支援了攀钢和宝钢，先后共调出工程技术人员和技术工人5万多人（齐建珍和白翎，2002）。

　　二是增强了国家的经济实力，促进了区域经济的发展。伴随着自然资源的发现与开发，自然资源型产业不断发展壮大。自然资源型产业为增强国家经济实力做出了重要贡献。它不仅为国家提供了大量能源和原材料，而且成为现代工业体系的重要组成部分，构成了一个新的经济增长极，成为世界工业化发展的依托，对稳定社会、促进经济发展、增强国家经济实力都具有举足轻重的作用。同时，因为自然资源多处于地质情况较复杂的地区，自然资源型产业多是

在偏僻落后的地区兴起的，其中很多地区又是老、少、边、穷地区，所以自然资源型产业的发展与它的区域辐射带动作用，对这些地区的脱贫致富和经济发展起了重要的促进作用。

三是提供了大量就业机会。资源开发本身需要众多的劳动力，而自然资源型产业的发展同时又带动和促进了资源产品加工业和服务业的发展，为整个社会就业的扩大做出了重要贡献。

四是加速了城市化的进程。城市化水平的高低是国家工业化和现代化程度高低的重要标志之一。自然资源型产业对简单劳动有巨大的需求，由于"因资源而生的城市"多是在非城市地区兴起的，资源开发地的农业人口迅速转化为非农人口、城市人口，该地域内的城市数目和城市人口不断增加；而"依资源而兴的城市"，由于资源的开发，城市人口也迅猛增长和升级。大城市、特大城市和城市区域不断形成和扩大，城市人口在全国（或地区）人口中的比重不断增加，大大加快了城市化的进程。

、

第一节　自然资源型产业的特点

一　自然资源型产业是其所在城市的支柱

自然资源型产业是资源型城市产业结构中的主导产业或支柱产业，以此为核心形成了一条关联度极高的产业链，城市对自然资源型产业的依赖性很强。在这些城市中，不论是城市的空间布局，还是能源动力、道路交通、邮电通信、环境卫生等基础设施的建设和住宅、学校、医院等配套设施的建设，都是以资源开发为核心的。

资源型城市与自然资源型产业、资源型企业存在着互为依托、兴衰与共的密切关系。自然资源型产业作为资源型城市的主导产业，是支撑城市经济发展的重要力量，是城市经济实力的主要体现，是城市 GDP、产值、就业、财政收入的主要创造者。例如，阜新煤炭工业税收占地方财政收入的 1/3 以上，矿区人口占全市人口的 59.7%；抚顺矿区人口占全市人口的 1/3；本溪仅煤炭、铅锌两个矿区人口就占全市人口的 1/6，20 世纪 80 年代前半期，本溪钢铁公司钢铁工业产值占全市工业总产值的 42.3%，上缴利润占全市工业上缴利润的 88.5%；20 世纪 80 年代前半期，鞍山钢铁工业总产值占全市工业总产值的 60%，钢铁工业的利税总额占全市工业利税总额的 90%，职工人数占全市职工人数的 50% 以上（《辽宁国土资源》编委会，1987）。自然资源型产业的发展变化直接影响甚至掌控着整个城市经济的运行。

二　自然资源型产业具有超重性和稳态性

自然资源型产业大多属于重工业，并且采掘业和原材料工业比重大，加工工业比重小，大都处于产业链的前端。产品的加工程度相对较低，产品结构中初级产品占绝对优势。在产业发展的初期，一般仅为矿产开采业，随着矿山建设的大规模发展、矿业生产能力的基本形成，电力、建材、冶金、化工等高耗能产业才得到一定程度的发展。

与此同时，自然资源型产业的产业结构一般呈稳态性，调整的弹性小。首先，因为自然资源型产业属于资本密集型和劳动密集型产业，需要投入的资金量和劳动量大，自然资源型产业建设周期长，占用资金多，所以在企业的规模结构上，大中型企业居多，小型企业较少。其次，自然资源型产业固定资产的专用性较强、移动性较差，资本难以从原产业中退出，这使得企业资产的变现率很低，一旦退出，容易产生大量沉淀资本，产业退出壁垒较高。再次，自然资源型产业从业人员众多，知识结构单一，而且大部分都属于简单的体力劳动者，文化程度较低，学习新知识的能力较差，改行比较困难，过快的调整会造成瞬间的大批失业人群，给社会稳定造成压力。此外，有些自然资源型产业是国民经济和人民生活所必需的战略性产业，不能完全依据盈利多少与有无而转移。因此，在经济形势急剧变化的今天，面对新技术革命的挑战，自然资源型产业的应变性、适应性及可调整性均较差，同时，却具有较大的发展惯性和超稳态性。

三　自然资源型产业职工文化层次偏低，就业结构单一

由于历史上建设的原因，加上资源开采业对技术水平的要求不是很高，所以，自然资源型产业职工的文化层次普遍偏低。在人力资源方面，往往是自然资源型产业人才济济，而其他产业的人才则十分缺乏，科技力量不足，就业结构单一。对于资源枯竭地区的自然资源型产业来说，职工文化层次偏低、人才结构单一问题进一步导致职工社会再就业困难重重。

四　自然资源型产业所拥有的资本专用性较强，在转型过程中容易产生很大的沉淀成本

因为自然资源型产业对自然资源的依赖程度较高，资源型企业的选址、资

产的投资等都会有很强的专用性；同时，由于对资源的开采与初加工涉及的专业范围很窄，其所拥有的人力资本也具有很强的专用性。一旦情况发生变化（即一旦自然资源枯竭），会有大量的沉淀成本显现出来，产业的转型将变得非常困难。

第二节　自然资源型产业现状与存在的问题

一　自然资源型产业结构集中单一

第一，资源采掘业及关联原材料初加工工业为产业体系的主导产业，从而形成较为单一的产业结构。无论是从 GDP 来看还是从从业人员的比重来看，这些资源型城市的第二产业都占有绝对分量，成为资源型城市的经济支柱，作为主导产业与配套产业形成了一条紧密的产业链，城市与工矿业、采掘业构筑成"牵一发而动全身"的纽带关系。随着矿产采选业及相关产业的发展，自然资源型产业综合化程度进一步提高，加工程度进一步延伸，具有一定技术含量的化工、建筑、冶金、机械行业产值比重明显提高，使资源型城市的传统产业明显偏高，产业结构呈超重型，调整难度较大。

第二，资源型城市产业发展层次低，整体效益不高，产品竞争力较弱。在这些资源型城市中，劳动密集型产业居多，知识密集型产业较少，加工项目多，技术改造项目少。而这些产业大都投资规模大，建设周期长，投资回收期长。产业成长以资源为单一指向，配套产业群难以形成规模。同时，矿产品加工深度不够。资源利用程度不够，附加值低，从而导致经济效益低下。这些归根到底都是由生产力水平的科技含量决定的。

资源型主导产业一般是围绕资源开发而建立的采掘业和初级加工业，其产品一般为矿产品或矿产初加工产品，生产的大多为"傻大笨粗"的初级和低附加值产品，很少生产"精小灵细"的高附加值产品，产品的比较利益较低。在市场交换中，输出的多是价格低廉的原材料和初加工产品，流入的多是价格昂贵的精加工产品，利润流出流入逆差较大，不但大量经济利益流向域外，被下游产业占有，而且总体竞争能力弱，在国内、国际市场竞争中处于不利地位。长期以来，由于资源相对宽裕，东北地区资源型城市相关企业普遍缺乏危机感，容易产生依赖、惰性心理，技术进步和更新改造意识明显不足，不求降低消耗、不计成本高低，粗放式生产经营现象比较普遍，资源的利用率难以实现最大化。不仅出口价格对资源、劳动和环境污染补偿不足，不利于稀缺资源的合理保护和充分利用，而且导致了高耗能高污染资源型产品出口，扩大贸易顺差，加大人民币升值的压力，给经济长远发展带来诸多不利影响。

二 资源型企业历史负担沉重

由于长期以来受计划经济的影响，资源价格普遍偏低，企业的利润减少。资源型企业自身也存在冗员过多、债务堆积，再加上各种税费的支出，造成企业自身的资金很难积累起来。资源型企业大多数是自己办幼儿园、学校、医院等社会事业，这种企业办社会导致了庞大的额外支出。资源型企业所承担的沉重负担使其难以进行资金的积累。例如，黑龙江伊春和大兴安岭森工企业政策性亏损与福利费超支挂账累计已达24.6亿元，拖欠银行贷款及利息63亿元。而四大煤城的矿业集团公司不良资产为61.4亿元，占总资产的比重为23.3％；负债总额达176.8亿元，欠各种税费7.4亿元，资产负债率为67.2％（徐向国，2006）。

三 资源型企业历史遗留问题较多

资源型企业大多兴起于计划经济体制下，基本采用政企合一的管理体制，企业不是独立的自主经营、自负盈亏的当事人。同时，由于受到计划经济体制的影响，木材、石油、煤炭等资源型产品的价格普遍偏低，长期处于不等价交换状态，这严重影响了企业的收益，使企业的很多经营成本得不到补偿。此外，由于资源型企业在一个城市中的特殊地位，很多大的资源型企业还承担着一定的教育、文化、卫生、社会服务等社会公益事业费用，企业办社会的现象比较普遍，沉重的负担束缚着这些企业按照现代企业制度进行深化改革，不利于企业对未来的合理规划与健康发展。沉重的负担导致资源型企业发展步伐缓慢，经济效益低下。尤其是我国加入WTO之后，逐步开放国内市场，资源型企业面临更大挑战。但目前，大多数资源型企业仍实行粗放式经营，单纯注重数量的扩张；产业结构层次停留在资源开发上，层次较低；产品科技含量少、附加值较低，很难吸引到资金和技术，竞争力不强。此外，自然资源型产业长期以来只着重开发资源，忽视对人才的培养。

随着资源开采进程的不断深入以及开采量的逐年增加，不可再生自然资源的可采量将会迅速减少，即使储量再丰富的资源也有用完的时候。因此，过分依赖自然资源的资源型产业总有衰退之时，只是早晚而已。同时，资源型企业也经历着兴起—繁荣—鼎盛—衰落的发展过程。由于产业结构单一，资源型城市对煤炭、石油、森林资源过度依赖，城市的发展必然会受到这些枯竭资源的约束。即使通过对后续资源的勘探和开采还可以维持一段时间，但不可再生自然资源的利用终究是有限的，最后都会陷入资源枯竭期，这是不可避免的客观发展规律。

在长期的计划经济体制下，资源型城市为国家创造了大量利润，为国家财政做出了重大贡献，资源型城市的劳动者也因此较其他行业享受着更高的工资、更多的福利和更好的教育。在长期的计划经济体制运行中，我国实行高积累、全保障的政策，东北地区为国家的发展提供了大量的自然资源、技术、人力及财力的支持，社会保障由国家统一安排，公众不必为个人的生老病死担忧，因此，这一地区社会保障资源的地方积累基本上是空白的。资源型城市国有企业职工本应缴纳的养老保险、失业保险等社会保障资金被国家以国有企业利润的方式提取，实际是对当时国企工作人员的保障资金强行进行了积累。这些国有资产不仅凝结了这些工作人员的劳动投入，实际上还包含了应有的社会保障资金投入。而随着社会主义市场经济体制改革的深化，国家不断调整社会保障的相关政策，享受社会保障的统一性与累积社会保障资源的差异性不断扩大社会保障资源的缺口，形成社会保障的"历史欠账"。这种"历史欠账"在资源型城市最为明显，不仅导致经济发展的不可持续性，而且这些历史欠账成为解决资源型城市社会保障问题的一个最大瓶颈。

我国现行的养老保险制度实行"部分积累制"模式，个人和单位缴纳的养老保险基金被划分为社会统筹和个人账户两部分。社会统筹部分实行"现收现付制"，用于支付当期退休人员的养老基金；个人账户是一种"完全积累制"，个人账户基金管理的核心是保值增值。目前，我国养老保障制度面临的主要问题是，养老基金社会统筹部分入不敷出，个人账户基金被拿到社会统筹基金中去，个人账户基金"空账运行"。从资金来源上看，如果国家不对计划经济体制下所形成的社会保障历史欠账进行补偿，社会保障资金的缺口将无法弥补。计划经济体制下国有企业支付给工人的工资只相当于收入中购买消费品的那一部分，而教育、住房、养老、医疗等方面的工资资金被全部扣除。这笔积累的资金被用于扩大再生产，直接形成国有资产。计划经济下政府统一扣除了相当于必要劳动70%的社会保障部分，社会保障的功能是通过国有企业单位来行使的。按照社会保障支出与利率的关系倒推，目前的一部分国有资产应当属于国有企业职工的社会保障基金。

目前必须在中央政策层面上解决整体统筹的问题，并给予资源型企业适当的政策倾斜。另外，目前实行的中央、地方政府和企业按相应比例进行社保资金配套的模式，对于资源型国有企业来说，实际上是一种顺序倒置、难以实行的资金筹措方式。因为依据此模式，只有企业的资金到位后，地方政府和中央政府的相关配套资金才能得到落实，现实情况是，由于计划经济时代多年来实行的超常规积累政策，资源型城市国有企业的发展现状不容乐观，多数国有企业的相关资金很难到位，也就意味着中央和地方政府的相关资金配套实际上大多无法落实。

四 自然资源型产业物质和人力资产专用性较强

资源型城市三次产业结构的特征是：第二产业在国民经济中占主导地位，其所占比重已超过或远远超过第一产业，但在质上还没有达到成熟的程度，吸收最先进的科技成果的能力还比较薄弱；第三产业所占比重明显上升，但仍低于第二产业。三次产业的未来发展趋势是工业和农业的比重相对下降，第三产业所占比重继续上升。因为工业的发展需要第三产业提供各项服务，科研、教育、咨询、物流、信息业等必然有相应的发展。面对传统的资源依赖型产业的转型和调整问题，资源型城市纷纷提出了由资源开采向资源深加工转型的发展道路，由单一开发资源向综合利用资源转变。

人力资本表现出很强的组织依赖性特征。在现代经济条件下，人力资本产权主体通常需要加入特定的组织，与其他人力资本产权主体或物质资本产权主体分工协作。否则，人力资本的价值增值便不能实现。不仅如此，人力资本产权主体一旦进入特定的组织，该组织就会对他构成天然的退出壁垒。这主要表现为两方面：第一，人力资本与物质资本的相互依赖性。离开了物质资本，人力资本就丧失了"用武之地"，甚至可能丧失赖以谋生的"饭碗"。第二，人力资本的专用性。这种专用性源自企业中的"干中学"（learning by doing）和"学中干"（doing by learning）理念与行为，针对特定组织和特定工作所进行的知识和技能投资成就了人力资本的专用性。人力资本这两方面的特点在资源型城市表现得尤为明显。工人人力资本的发挥是与自然资源和产业资源紧密相连的，其专业技能是与开采或采伐煤炭、石油和森林等产业资源对应的一些技术工种，技术含量和技术等级都比较低。

从人力资本适用范围来看，大量文献将人力资本划分为通用性（general）人力资本和专用性（specific）人力资本两类。通用性人力资本与专用性人力资本的一个重要区别在于：前者的适用范围和流动转换领域很大，而后者则很小。行业或职业专用性人力资本则介于通用性人力资本与企业专用性人力资本之间，既没有企业专用性人力资本那么专用，又比通用性人力资本的适用范围窄得多。当劳动力长期就职于某一行业或职业，掌握了行业或职业专用的知识技能后，相应地就会形成行业或职业专用性人力资本。即便这些劳动力进行职位流动，一般首先也会在本行业或职业范围内搜寻，这是为了继续获得相应的专用性投资收益。轻易转换行业或职业，会造成人力资本投资存量结构中某些内容成为沉淀成本，出现某些技能的迅速贬值。

资源型城市的当事人为国有大中型企业。随着经济体制的转变及产业结构的调整，一些资源开采加工企业停产、转产甚至破产，形成大量的下岗职工和失业人员，再就业问题严峻。统计资料显示，辽宁省 7 个资源型城市累计下岗职工人数为 32.9 万人，拖欠职工工资达 26.9 亿元（齐建珍，2004）。下岗职工大部分来自于周边农村，文化素质低，学习能力较差，长期从事技能比较单一的体力劳动，很难适应新工作和新环境，很难实现劳动力的流动。此外，辽宁省的非国有经济发展比较落后，难以吸纳大量的转型就业人口，这也在一定程度上增加了就业与再就业的压力。

当然，有些专业技术可以在几个领域中通用，如果具备的是通用性较强的专业技术，可以适当寻找新的空间。然而，大部分在资源型城市国有企业中工作的职工，其专业技术通用性有很大的局限。因为资源型城市国有企业大部分是资源采掘和初级加工企业，同其他行业生产有很大的距离。从事这种工业生产的工人和工程技术人员，一旦离开原来的生产线很难找到新的工作岗位。

五 自然资源型地区生态资源损耗较大

自然资源型产业是严重的环境污染和破坏型产业，特别是煤炭开采和洗选、石油开采与炼制、黑色和有色金属开采与初加工等行业，对人类生产生活，对土地、水、空气、地质环境、自然景观和生物种群影响较大，破坏性较强。大多数资源型城市城区和矿区的环境污染和生态失衡程度远超过一般工业性城市，生态环境形势极其严峻。因此，资源型城市面临的环境保护方面的压力远比其他城市要大。

例如，在油田开采区，植被破坏严重，环境受到污染。油田开发过程中修建油田路、埋设各种管线、挖掘引水渠和排污渠、建筑油水泵站与厂矿等，占据了大面积的草原，并将草原条块分割得支离破碎，裸地面积扩大。由于管、线、路的阻隔，排水不畅，形成新的坑塘和闭流区，井台周围落地原油、泥浆地、排污池、洗井废水对植被、土壤、水面造成污染。开采矿产资源和砍伐森林还破坏了自然地貌景观的美观性和完整性。采矿造成大量的坑矿、沉陷区和排土场等，特别是露天采矿对地貌景观的破坏非常严重。在一些自然保护区、风景名胜区、森林公园、饮用水源地保护区，以及铁路、公路等交通干线两侧，都可看到采矿留下的痕迹，不但破坏了自然环境，还影响到一些自然景观。尤其是大中型国有企业在资源型城市经济结构中占有举足轻重的地位，非公有制经济成分总量较小、所占比重不大，国有及国有控股工业企业总产值高于全国平均水平。由于技术改造历史欠账太多，设备严重老化，工艺十分落后，劳动生产率低下，污染严重。

总之，自然资源型产业面临的问题概括起来有以下方面：

第一，资源丰裕地区的自然资源型产业扩张导致人力资本积累不足，难以支撑持续、高速度的经济增长。在我国一些过度依赖资源经济的地区，人力资本的投入无法得到额外的收入补偿，人们接受教育的意愿普遍降低，大量具有较高知识水平和技能素质的劳动力流出，知识创新缺乏机会，人力资源开发滞后。在现代经济结构中，人力资本是推进经济增长的主要动力，其作用与收益大于自然资源，而资源产业扩张同样把人力资本的积累效应"挤出"去了。

第二，在产权制度不清晰、法律制度不完善、市场规则不健全的情况下，丰裕的自然资源还会诱使资源使用的机会主义行为（opportunist behavior）及寻租活动的产生，造成大量的资源浪费和掠夺性开采。我国现行资源开发管理的制度安排，不仅使得资源的所有权与行政权、经营权相混淆，而且所有权在经济上没有得到充分的体现，其收益由多种途径和渠道转化为一些部门、地方、企业甚至是个人的利益。国家资源产权的虚置或弱化、资源使用权的缺乏约束，造成一些地区资源权属纠纷频繁，资源消耗过度、规模利用率低，重开采、重使用而轻保护、轻管理，从而破坏了资源产业发展的良性循环和宏观经济的正常运行。

第三，对资源的粗放开发加大了生态环境的压力，城市环境问题突出，污染治理水平较差。脆弱的自然环境条件不仅阻碍了地区潜在优势的发挥，而且成为可持续发展的主要障碍。在资源接近枯竭时，经济发展的可持续性受到了严峻的挑战，由此引发了大量的失业和社会不稳定问题，亟待加以研究。

第三节　自然资源型产业恶性升级的原因

实际上，我们发现，资源型产业转型升级并不总是成功的，还有一些是失败的，这些失败主要表现在恶性升级方面。资源型产业凭借其特殊地位在筹集资金的能力上较有优势，加之委托-代理、政企不分等，易导致企业将高额资金投入高风险项目，在难以取得预期收益的情况下，企业没有悬崖勒马，反而进一步增资。

因此，本节主要从市场不完全角度，从相关市场不健全、政企不分、委托代理、经营者素质等方面分析资源型产业恶性升级的原因。

一　市场不健全导致资源型企业恶性升级

完善的资本市场及产品市场，可以通过利润、股票价格等指标真实地反映经营者的业绩，如果发生恶性的升级则会很快地反映在资本及产品市场上，从外部有效地制约经营者的机会主义行为。同时，完善的经理人市场可以通过外部作用对现有经营者产生强大的竞争压力，因为如果出现了恶性的升级则经营者很有可能被他人替代。可以说，产品、资本、经理人市场是对国有企业经营者的强大外部约束，使其努力做到理性投资，避免恶性升级。我国当前的产品市场、资本市场已经有了很大的发展，经理人市场也在逐步完善，但在反映经营者业绩方面存在着较大的失真，经营者在管理位置上往往比较稳定，难以形成对国有企业经营者的有效制约。这就弱化了这些市场对国有企业经营者的外部监督。而且，信息市场不健全也是导致国有企业恶性升级的市场因素之一。某些国有企业恶性升级的原因并非经营者的软因素或硬因素问题，而是信息市场制度不完善。也就是说，经营者无法从市场中获得可靠的投资信息，增加了投资决策的难度与风险，从而产生恶性的升级。信息市场不完善主要表现在中介信息组织不完善、缺乏有效的规制等。此外，还缺乏相关的有效引导与规制，时常出现不诚信行为，例如，为了私利向客户提供错误或失真信息，导致客户决策失误。

二 政企不分导致资源型产业恶性升级

国有企业虽然经历了多年的改革，企业所有权与经营权还是没有得到合理配置，政企仍然不分。一方面，从整体上来说，国有企业尚未拥有充分的经营自主权，在企业决策尤其是大型项目投资方面仍要受到政府行为的影响。政府与国有企业之间是一种委托-代理关系，从市场要求上来说，企业在对市场信息的把握与反应上具有优势，理应掌握自主权与经营权。政府作为委托人理应履行好所有权职能，为企业竞争创造良好的外部环境。但是为了满足自身利益，如促进地方 GDP 增长、保障就业、谋取政绩等，一些政府对国有企业的投资决策进行不合理的干预，也就是"越位"，这很容易增加投资的风险性，当投资效果不佳，理应终止时，企业又无法及时退出，从而产生恶性升级。另一方面，政企不分使国有企业获得政府过多的保护与支持，形成软预算约束（soft budget constraint）。政府除了行使所有权职能外，还承担着公共管理职能，职能的交叉使其在履行公共管理职能时对国有企业有所偏袒。当国有企业需要获得增资资金与政策支持时，政府往往及时给予援助。即使投资失败，企业面临着严峻的危机甚至是被破产清算时，政府也往往会利用手中资源帮助企业走出困境。这就很容易形成投资预算的软约束，影响经营者的投资预期，使其容易产生投资的冲动、投资的风险，最终导致恶性升级。

三 委托-代理问题导致资源型产业恶性升级

由于人的有限理性、信息不完全及交易成本的存在，委托人与代理人之间的利益函数存在差别，容易出现代理人的"道德风险"与"逆向选择"，这就是委托-代理问题。而且代理层次越多，链条越长，信息越失真，代理问题越严重。国有企业名义上属于全体公民，但是由于可操作性及概念的模糊性，由政府作为全民的代理人行使所有权，形成了政府与国有企业之间的委托-代理关系。但是国有企业数量多、规模大，只能实现间接管理、多层管理，这就造成了复杂的委托-代理关系，主要体现在委托代理链过长。而且，管理幅度过大，产生了严重的信息不对称问题，极易产生代理人追求自身私利而危害委托人利益的行为，而解决信息问题所需要的高额成本往往是委托人难以承受的。加之企业法人结构不完善，缺乏科学合理的投资决策制度及信息披露制度，国有企业经营者难以受到有效的监督与激励，容易产生"内部人控制"。当企业进行增资决策时，因代理链过长、委托幅度过宽所产生的信息的不对称使经营者处于信息优势地位，且监督难度大，因此经营者可以操纵增资决策，按照符合自身利益的方式行事。如果项目失败，监管者很难辨别是由于外部因素还是经营者的责任，很难对经营者落实问责制。因此，国有企业经营者有可能为了追求政绩、高额分红等投资风险很大但回报很高的行业进行投机，或者明知道增资恶果，但为了能从项目中牟取私利，如避免承担责任、挽回个人名誉、获得酬金、吞食国有资产等，在负面反馈信息下仍然执意进行增资活动，导致恶性升级。

四 经营者素质不高导致资源型产业恶性升级

国有企业经营者作为企业决策的直接制定者，其个人素质很大程度上决定着是否会出现恶性升级。经营者的素质包括两方面。一是软因素，包括道德水平、抗压能力、价值观等。当前一些国有企业经营者在已投资项目前景渺茫的情况下，往往缺乏勇于承担责任与压力的精神，害怕投资失败会有损自身的声誉，就抱着赌徒心理去增资。此外，一些经营者缺乏职业道德，对企业缺乏责任心，据自身偏好来投资，过度自信，一意孤行，最终导致恶性升级。而且，一些国有企业经营者道德素质败坏，利用监管制度上的漏洞与自身权利通过寻租、合谋等方式，故意通过恶性升级牟取私利，如侵吞国有资产。二是硬件因素。在现有体制下，国有企业主要领导者主要由上级部门委派，委派制度下的经营者在管理、业务、投资、市场预测等方面的能力往往不能与职业经理人相比，难以适应瞬息万变的市场，容易在风险投资中出现严重失误，在进行是否增资的决策时，容易受到沉淀成本效应、心理账户等因素的影响，难以保障决策的科学性，陷入了恶性的升级陷阱。

第四章 以东北地区自然资源型产业转型为例的研究

第一节 老工业基地自然资源型产业的形成背景

一 老工业基地资源型产业以国有企业为主

老工业基地国有企业大多是从新中国成立初期开始逐步建立的，承担了国家"一五"和"二五"时期苏联援华建设项目和国家重大国民生产建设项目工作。老工业基地是"八五"前国家经济发展建设的重点地区，老工业基地国有企业主要分布在东北地区，少量分布在内陆地区。老工业基地国有企业主要集中在重工业，其建立与当时的国内外政治经济形势是紧密相关的，在当时有着极其重大的战略意义，目的是尽快提高经济实力与国防实力，摆脱经济军事的落后局面，维护国家安定。以东北老工业基地为例，当时新中国将从苏联引进的 156 个重点项目中的 58 个布局在工业基础较好、自然资源丰富的东北地区（吴树斌，2008），并以此为基础，迅速发展了大量的国有企业，形成了以大连、沈阳、哈尔滨、长春为轴线的东北工业基地，辐射齐齐哈尔、大庆、吉林、鞍山、本溪等工业城市。辽宁主要以钢铁和机械重工业为支柱；吉林则是以汽车和新兴的生物医药为主；黑龙江重在石油和煤炭工业。再以山西老工业基地为例，"一五"时期确立了该基地的发展基础。国民经济三年恢复时期和"一五"、"二五"时期，根据国家优先发展重工业的战略，山西将发展基础工业和国防工业作为经济建设的中心任务，重点建设了一批机械、化工、煤炭、电力企业，初步形成了以太原、大同、长治、阳泉为代表的能源重工业中心城市，奠定了山西能源基地和老工业基地的雏形。

老工业基地国有企业的实力迅速壮大，为国家上缴了相当数量的税收，为新中国的经济发展做出了不可磨灭的贡献，是计划经济时代经济发展的极其重要的力量。以山西老工业基地国有能源企业为例，山西作为煤炭的重要产地，肩负着为全国经济建设提供能源支撑的重任，火电发电量位居全国前列，能源产品输出辐射全国，有力保障了国家能源安全。据统计，新中国成立以来的 60 年间，山西累计生产原煤超过百亿吨，仅 1978～2007 年，全省累计向省外输出能源总量为 61.18 亿吨标准煤，年均输出 2.11 亿吨标准煤，成为支撑全国能源消耗的重要力量（刘晔，2009）。

但是，随着改革开放政策的实行与不断深入，以及国际局势的深刻变化，我国的发展战略部署与经济格局都发生了重大改变，我国的工业中心逐渐向东部沿海地区转移，东南沿海省份的非国有经济成分得到了迅猛发展，经济实力大大增强，表现出了巨大的发展潜力。而与此同时，原有老工业基地国有企业的发展却停滞不前，暴露出的问题越来越多，无论是在体制上还是在思想观念上，与市场经济的不适应性愈加明显，大批国有企业经营状况恶化，处于亏损或低盈利状态，许多国有企业倒闭，产生了严重的社会经济问题。因此，深入改革国有企业势在必行。

二 老工业基地资源型产业的特点

第一，资本集中度高，利润率低。老工业基地国有企业大多是资本密集型的基础工业和重加工业，如钢铁业、制造业、石油化工等。而资本密集型企业的特点是技术装备多，投资量大，容纳劳动力较少，资金周转较慢，投资见效缓慢。与劳动密集型企业相比，老工业基地国有企业在劳动力吸纳能力上存在不足，而与技术密集型企业相比，其技术能力与利润差距较大，例如，沈阳机床集团已经是国内行业排名第一的大企业，但国内机床行业的利润最高只有5%，跟技术密集型的苹果手机近50%的利润率相差甚远。这一特点与老工业基地国有企业当前的困境有着密切的关联。老工业基地由于劳动力容纳能力有限，加之国有企业的特殊性质与治理机制，不可避免地存在大量的冗余人员，在市场经济的要求下，要进行涉及减员增效、裁汰冗余人员的国企改革面临巨大的阻力。此外，资本密集化的特点使得企业资金缺乏足够的流通性，丧失了在其他领域进行投资获益的机会，这极大地限制了其发展速度。再者，由于国家经济重心及政策的转变，国家对老工业基地国有企业的资金支持已经远不如以前，这也直接增加了老工业基地国有企业发展的难度。

第二，与我国经济体制变迁密切关联。老工业基地国有企业的产生及发展是我国计划经济体制的产物。改革开放前，这批国有企业在国民经济中起到了极其重要的作用。改革开放后，随着国家经济中心的逐步转移，社会主义市场经济体制不断完善，传统体制下的老工业基地国有企业受到了巨大的冲击。对此，20 世纪 90 年代开始的国有企业改革，使这些企业在产权、管理机制、人员观念、市场竞争力等方面取得了重大进步，但是仍保留了浓重的计划体制色彩，存在很多问题。当前，老工业基地国有企业的改革仍在进行当中，仍在不断地深化，这也是真正转变经济发展方式、建立完善的市场经济体制的重要内容。

可以说，老工业基地国有企业的兴衰与国家的经济体制变迁是密切相关的，老工业基地国有企业只有切实适应市场经济体制，才能避免被淘汰的命运，从而抓住新的发展机遇，促进自我提升。尤其是在"十二五"时期加快转变经济发展方式的时代背景下，老工业基地国有企业粗放式发展模式的转变是改革的重点，其深化改革是"十二五"时期目标实现不可忽视的重要环节，其进程及发展状况直接关系到这一战略方针能否顺利实现。

第三，高碳特征尤为突出，对环境的负外部性很大。人类先后经历了原始社会、农业社会和工业社会，通过对自然资源的利用，物质文明获得了巨大的进步。但是随着人类对自然资源的利用广度及深度的不断加深，自然环境所受到的负外部性日益显现。老工业基地国有企业多为重化工业，产业结构以重化工业、基础原材料和加工工业为主，其中相当一部分产业属于高消耗、高污染、低附加值的夕阳产业，第三产业严重滞后于第一、第二产业发展，对资源的需求量较大，污染程度很高，高碳特征十分明显，对自然环境的负面影响尤其大。加之由于国家政策中心的转移，老工业基地国有企业资金不足，导致整体技术装备水平严重落后，资源利用技术及清洁技术与发达国家同类型企业差距十分明显。以山西老工业基地国有企业为例，山西高耗能、资源型的产业结构，给当地生态环境造成了巨大压力。大气、水源、固体废弃物等环境污染逐年加重，水土流失、煤矿区土地与生态破坏、土地盐渍化、荒漠化呈进一步扩大趋势。受能源经济布局影响，结构性污染突出。据统计，山西采煤对水资源的破坏面积已达 20 352 平方公里，占全省土地面积的 13%。同时，矿井水和洗煤污水排放，加速了水资源浪费和水环境污染，土地塌陷严重（刘晔，2009）。

第四，传统体制印迹明显。与国外传统工业区所遇到的问题相比，老工业基地国有企业具有一致性的问题，例如，传统产业比重过高、技术滞后等，但除此之外也有自身的特点，我国老工业基地国有企业是依靠国家政策建立并发展起来的，所有制结构单一，缺乏活力，传统的计划经济体制根深蒂固，至今仍保留着严重的残余印迹。我国老工业基地都是在传统的计划经济体制下发展起来的。这主要表现在：老工业基地国有企业多采取行政化管理，缺乏活力；依靠行政手段配置资源，阻碍了职工积极性和创造性的发挥；制度变迁导致内在发展动力不足，许多国有企业问题重重，产权不清、经营管理落后、生产效率低下、产品缺乏市场需求、职工生活水平不高等问题长期得不到解决。我国老工业基地相对衰退的重要原因就在于僵化的传统体制留下的历史包袱重，改革开放又相对滞后。由此产生的后果有如下一些：

（1）在传统计划经济体制下，老工业基地国有企业发展和改造主要靠国家投入，并有政府采购作为后盾，因此缺乏自力更生的意识及能力。当国家投资政策倾斜、重点转移时，原有的工业基础随着生产的损耗，特别是科学技术的进步，势必日益走向老化。

（2）在体结构转换方面，传统体制使产业配置难以突破先前的行政框架，缺乏对自然经济区和产业集群优势的战略考虑，在"条块分割"的条件下，地方和部门利益又助长了对资源的争夺，以及重复建设和过度竞争，严重影响了老工业基地的产业结构合理化进程。

（3）传统体制造成老工业基地国有企业机制滞后，产权关系不清，人事、分配制度改革滞后，致使企业活力不足，难以与产权较清晰、经营自主权大、灵活性强的南方新兴工业城市国有企业及非国有企业竞争，使老工业基地在市场竞争中处于劣势地位。

三 老工业基地国有企业改革存在的主要问题

（一）老工业基地国有企业改革的一般性与特殊性

老工业基地国有企业改革既有一般国企改革的普遍性，也有其特殊性。因而，用解决一般国有企业问题的传统思路来认知老工业基地国有企业改革是行不通的，老工业基地国有企业的改革与发展必须要在已有方式与方法的基础上推出新思路和新办法。

一般国有企业改革遇到的问题往往是产权不清晰、政企不分、管理机制不健全、观念滞后等，这些也是老工业基地在其改革中常遇到的问题。此外，老工业基地国有企业改革还有其特殊性，这表现在：

第一，数量庞大，类型多样化。老工业基地国有企业的数量十分庞大，而且有很多类型，每种类型都有各自不同的问题，因此，对于老工业基地国有企业的改革必须具体问题具体分析，如果用传统的方法实行"一刀切"的话，往往会事倍功半。

第二，改革成本巨大。老工业基地国有企业改革是一项浩大的系统工程，需要投入巨额的人力、物力、财力及时间成本，由于老工业基地国有企业所在地域往往不是经济发达地区，政府在各方面的实力十分有限，根本难以承担如此浩大的改革成本，虽然中央政府的扶持不断加大，但是仍难以弥补改革所遇到的巨大的资源缺口。

第三，涉及范围广，不是纯粹的经济问题。老工业基地国有企业改革不仅仅是纯粹的经济问题，还是相当棘手的社会问题。老工业基地国有企业在承担生产经营的职能之外，还担负着职工就业、家属及子女生活安置等一系列社会职能，并且产生了严重的路径依赖。如果改革过急，而政府没有及时地承担这些职能，日益增多的失业、待业人员更会构成严峻的社会问题，极易诱发社会矛盾，酿成群体性事件，从而严重阻碍老工业基地国有企业改革的进程。

　　第四，地位特殊，改革力度不好把握。虽然老工业基地国有企业在改革开放后遇到了很大的挫折，在国民经济中的地位不如以往，但是它作为重化工业与军事工业的重要基地，在保持国民经济稳定、维护国家安全、维护公有制地位及国有经济的控制力上仍然发挥着不可忽视的作用。因此，老工业基地国有企业改革不可能按照完全市场化的要求来进行，国家必须要保持对其控制力以实施其战略部署，但是干预过多又可能导致非效率化，在改革中这个度很难把握。

　　第五，经济相对封闭，对外开放程度较低。老工业基地国有企业多分布在东北与内陆地区，没有东南沿海的区位优势，加之国有经济自身的封闭性与思想观念滞后，老工业基地国有企业对外开放程度较低，与南方发达地区差距十分明显。

　　(二) 老工业基地国有企业改革存在的主要问题

　　老工业基地国有企业改革近年来虽然取得了不小的成绩，逐步扭转了改革开放来不断衰退的态势，但是离建成完善的现代企业制度、真正地转变经济发展方式还有很大的距离，存在着许多问题，主要表现在：

　　第一，产权多元化进程缓慢，仍存在产权不明晰问题。产权结构在很大程度上决定了企业的产权清晰度，只有产权清晰才能真正地实现政企分开。党的十七大报告提出："深化国有企业公司制股份制改革，健全现代企业制度，优化国有经济布局和结构，增强国有经济的活力、控制力、影响力。"由此可知，当前老工业基地国有企业改革的主要方向应当是实现投资主体多元化、股权结构合理化和治理结构规范化。针对过去老工业基地国有企业产权单一化的弊端，经过多年来的股份制改革，虽有成效，股权结构不断走向合理，国有股份不断降低。但是，这并未从根本上实现股份制改造，很多国有企业改革后建立了现代企业制度，厂长成了董事长或是总经理，然而企业的内部治理结构、管理机制都没有发生相应的改变，改制成了简单的职位名称的转化。此外，在改制上市的国有企业中，虽实行了股权多元化，但是存在国有股份"一股独大"的现象，中小股东尤其是广大散户的利益没有得到有效维护，并且存在"内部人控制"（insider control）问题。对于这些问题相关部门虽经已经出台了相关措施，如独立董事制度，但是成效仍不明显。出现这些问题的关键还是在于产权不清晰，没有将受益主体清晰化，没有真正地实现产权的激励与约束功能，也缺乏竞争性的产权需求对接市场，促使产权合理高效流动。在这里尤其要强调产权的激励与约束功能。老工业基地国有企业监督与激励机制还不完善。从监督机制来看，放权让利在赋予管理者较大权力的同时，也容易导致对企业管理者的监督缺失，产生"道德风险"。而政府对企业的不适当行政干预仍然存在，有时监督甚至成为某些政府官员寻租、牟利的工具。从激励机制来看，多数国有企业收入分配机制不合理，企业管理者和职工收入与其劳动价值不相符，没有形成与工作效率、绩效相匹配的科学激励机制，而与其相对的惩罚机制则缺乏约束力，往往只重形式。

第二，整体技术水平落后，经济效益偏低。长期以来，虽然老工业基地国有企业中有一批技术水平先进、市场竞争力强、资金雄厚、跨出国门的大型企业，但是从整体上看，大多数企业，尤其是中小型企业技术、工艺水平落后，技术创新力度差，科技转化为生产力的速度慢，企业适应市场需求的新产品开发能力弱，致使生产成本过高而产品质量差，这使得很多企业的产品缺乏市场竞争力，市场占有率低。而这又进一步致使产品滞销，造成资本周转困难，严重影响着企业的经济效益，阻碍企业的发展。加之近些年来全球金融危机导致的世界经济增长缓慢、经济总体滑坡，国内市场受到很大冲击，老工业基地国有企业的外部环境不断恶化，有些企业甚至濒临破产境地。而这种情况的出现，很大程度上就在于企业"内功"不够，需要大幅度降低生产成本和提高生产工艺水平，然而这需要巨额资本和技术的投入，对于本就负担过重的国有大中型企业来说实在难以负荷。

第三，产业结构不合理、不优化，演变进程缓慢。老工业基地国有企业产业结构调整进程较为缓慢，并没有从根本上优化老工业基地国有企业的产业结构与布局，传统产业仍占绝对优势，高新技术产业与生产性服务业发展较发达省份严重滞后。此外，传统产业中技术含量水平整体较低，且产品质量标准较低，同质现象严重，缺乏高质量产品，企业之间的竞争往往是低层次的价格竞争，直接影响到企业的经济效益与市场竞争力，由此产生了恶性循环，致使产业结构始终处于较低水平。另外，企业联合作为产业整合的有效举措，随着改革的不断深入，实施难度日益增加，尤其是跨地区的重组障碍重重，这主要是因为存在地方保护主义，影响到相关主体的利益。这里面有认知上的因素，也有"统一所有、分级管理"模式和"分税制"财税体制所带来的地方政府间的利益矛盾、企业高层人事安排，以及历史遗留问题等原因。再者，技术创新是提升产业结构层次的有效手段，但是除了一些实力雄厚的大型国有企业，老工业基地中小国有企业的技术创新能力普遍缺乏，过多地依赖技术引进，并形成了路径依赖，缺乏自主创新意识与能力，使自己陷入了"技术落后—引进技术—技术升级—再落后—再引进"的恶性循环，始终处于落后的地位。

第四，人才资本结构不合理，缺乏高素质人才。人力资本是企业的核心资源，老工业基地国有企业改革必须要有结构合理、高素质的人才队伍。当前老工业基地国有企业在人力资本方面存在的主要问题有：①人力资本配置不合理。待遇好、行业前景好、经济实力强的大型老工业基地国有企业吸引了大部分高素质的专业人才，而一些小型国有企业却招聘不到自己所需要的人才，这一方面拉大了老工业基地不同规模及行业国有企业之间的差距；另一方面，导致了人力资源的不合理配置，有的企业人才过多，而有的企业却缺乏人才。虽然人才多会增加竞争，提高效率，但是，到达一定程度后，人才的边际效用会递减，如果配置到人才缺乏的企业，产生的效益会更好。②人才吸引力有限。老工业基地国有企业地理位置多处于东北与内陆地区，经济发展水平不高，存在一定的区位劣势，因此往往很难吸引非常优秀的人才。此外，老工业基地国有企业仍存在很多传统的人事制度残余，在绩效考核等激励约束机制方面缺乏科学性与活力，难以十分有效地激发员工的积极性与归属感，使得很多人才在积累了足够的经验后会离开企业谋求更大的发展，这不仅存在于中小型国有企业，即使是中国一汽这样的大型企业也存在这样的问题。

（三）老工业基地国有企业改革异常困难

第一，沉淀成本极其高昂，改革阻力大。现实中的决策者往往一旦进行了大量的沉淀投资，便会产生追加更多投资的倾向，以避免先前投资的沉淀。而且沉淀投资的规模越大，对先前模式的依赖性就越大，很难进行根本性的变革，即使这种变革可以带来长期的更高收益。专用性资产投资成本容易产生沉淀成本。威廉姆森（Williamson，1985）将专用性资产划分为以下几种：一是设厂区位专用性。例如，在矿山附近建立炼钢厂，有助于减少存货和降低运输成本，而一旦厂址设定，就不可转作他用；若移作他用，厂址的生产价值就会下降。二是物质资产专用性。设备和机器的设计仅适用于特定交易用途，在其他用途中会降低价值。三是人力资产专用性。人力资产是具有特定目的的投资。用非所学，就会降低人力资产的价值。四是特定用途的资产。它是指供给者仅仅是为了向特定客户销售一定数量的产品而进行投资的资产，如果供给者与客户之间的关系过早结束，就会使供给者处于生产能力过剩状态。老工业基地国有企业经过几十年来的发展，已经投入了巨额的沉淀成本，一些老厂房、老设备、相关人员如何安置、配置及衰退产业如何有效地退出、如何对其加以改造，是国有企业改革顺利进行必须要解决的重大问题。在这个过程中不可避免会损害到一部分既得利益者，尤其是企业领导人的安置问题，必然会遇到很大的人为阻力，这使得老工业基地国有企业改革进程必定布满着荆棘，绝非一朝一夕就可完成的。

第二，企业包袱过重，承担着过多的社会职能。与国外传统工业基地相比，老工业基地国有企业具有的一大特点就是企业办社会，承担了许多理应由政府承担的社会职责。企业建立和兴办了一些与企业生产经营没有直接联系的机构和设施，承担了产前产后服务和职工生活、福利、社会保障等社会职能，形成了相对独立于政府的"小社会"。固然，这对于增强企业职工对企业的归属感与安全感很有作用，弥补了政府职能发挥的不足，但是企业办社会与政府相比，无论是在理论分析上还是在实践效率上，都存在着很大的缺陷。这导致企业背负了沉重的社会负担，减缓了企业的改革力度与发展速度。随着市场经济的深入发展，老工业基地国有企业在效益、竞争力等方面逐步被沿海发达的非国有经济所赶超。虽然面对这一问题，老工业基地国有企业早已开展了改革，但是由于历史负担过于沉重，在由"企业办社会"向"社会办企业"转换的过程中，"冗员过多"的历史包袱造成富余人员的再就业问题，而老工业基地所在地域相较其他省份，尤其是沿海发达省份，民营经济又尤为不发达，政府在行政效率、财力等方面又存在很大不足，在老职工的安置，离退休职工的医疗、养老保险等社会保障体系方面往往力不从心。多数国有大中型工业企业依然存在办社会的职能，企业负债率高、富余人员多、负担重，改组改制难度大，机制不活，自我积累与发展能力严重不足。

第三，配套制度供给难度很大。老工业基地国有企业改革必须要有相应的配套政策措施作为保障，但是制度的设计、制定、实施、调整需要高额的投入，且由于人的有限理性与信息不对称，也存在配套制度的制度安排效率、结构耦合及适应性问题，制度成本十分高昂。在这个过程中，中央政府担当的是政策的主要制定者角色，地方政府要在中央政策的指导下，根据自身实际建设相应的配套设施，老工业基地国有企业也要进行自我改革，三方力量相互补充，共同促进老工业基地国有企业改革的不断深化。然而中央、地方、老工业基地国有企业作为利益函数不同的主体，它们之间存在着相互关联的博弈关系：中央希望少投入成本获得预期效果，地方政府希望中央多投入从而减轻地方负担，而这两者都希望老工业基地国有企业能够自食其力、自我发展，企业则希望获得尽可能多的扶持，三者之间的相互博弈会产生高昂的交易成本，会极大地影响改革的进程。因此，如何统筹、明晰各方权责，提供高效率的配套设施，是一个十分复杂的难题。

第四，市场机制不健全，改革不确定性大。我国的社会主义市场经济发展到今天，市场机制正日臻完善，但市场中仍存在大量的信息的不完全性和不确定性，不仅存在于企业外部，也广泛地存在于企业内部，使得国有企业按照市场需求进行改革决策时，难以预测市场运行结果，把握市场先机。再加上企业数量众多，地域分布广泛，资产庞大，资源的重组进程缓慢，周期过长，给国企改制造成了很大困难。因此，改革的成本是相当巨大的，风险与收益并存。如何在控制好风险的基础上取得更为丰硕的改革成果是改革进程中遇到的大难题。

自然资源型产业转型是一个世界性的课题。虽然发达国家在对衰退产业区的改造方面积累了许多成功经验，但是应该看到，这些经验直接为我所用还有一定的局限性。其一，制度环境不同。发达国家对传统产业的改造是在私有制条件下进行的，当事人是私营企业。其二，发展条件不同。发达国家是在工业化完成以后，且形成完整的工业体系、多元工业门类和完善的资本市场，市场经济体制相当成熟的条件下展开转型的，因此实施产业改造计划难度要大大小于我们。其三，中东欧国家对老工业基地的改造虽然伴随着体制转型，但也是在工业化完成以后实行的。我国是一个发展中的社会主义国家，在对老工业基地的改造中面临着三重制约，即资金短缺、重化工业和所有制结构不合理等不利因素，加之负担沉重的大量国有企业，因此西方现有的研究不可能为自然资源型产业转型提供一个可资借鉴的现成模式。

2010 年，国家发展和改革委员会下达了 2010 年东北地区等资源型城市吸纳就业、资源综合利用和发展接续替代产业专项第一批 11 个项目的中央预算内投资计划。该批项目为 2009 年组织申报的充分吸纳就业项目，单位投资吸纳就业人数多，上下游就业带动能力强，符合当地资源禀赋，市场前景较好。项目建成后，对促进下岗矿工、厂办大集体职工、失地农民、下岗林业职工等就业困难群体再就业具有重要意义。

自 2003 年国家出台《中共中央国务院关于实施东北地区等老工业基地振兴战略的若干意见》、实施"振兴东北地区等老工业基地战略"至今，对东北地区经济社会发展尤其是能源产业发展给予了一贯的高度重视。2010 年 8 月 17 日，国务院总理、国务院振兴东北地区等老工业基地领导小组组长温家宝主持召开领导小组第二次全体会议，会议审议并原则通过《大小兴安岭林区生态保护和经济转型规划》与《关于加快东北地区农业发展方式转变建设现代农业的指导意见》。会议指出，目前东北地区等老工业基地全面振兴正处于关键时期，要认真总结振兴工作实践经验，抓紧落实各项政策措施，推动东北地区等老工业基地实现新的跨越，加快形成具有独特优势和竞争力的新增长极。同时，此次会议着重推进自然资源型产业的可持续发展，东北老工业基地的能源产业面临着发展转型的重大机遇。一方面，东北地区能源资源日渐枯竭，能源产业发展动力衰弱；另一方面，东北地区要实现全面振兴，资源型城市要寻求新的转型发展出路，就要着力培育新兴能源产业，以促进能源产业的可持续发展。

那么，为什么老工业基地自然资源产业曾经在计划经济体制条件下繁荣发展，在市场经济条件下却无法实现可持续发展？经济增长理论认为，自然资源的发现不是福音（blessing），而是诅咒（curse）。之所以如此，是因为资源富裕国家增长慢于其他国家，从而造成"资源诅咒"（Auty，1993，1997；Sachs and Warner，1999，2001）。而且，资源丰裕可能阻碍制造业发展，从而造成"荷兰病"。单一型自然资源产业占主导地位，从而限制其他产业发展（Karl，1997；Torvik，2001），如表 4-1 所示。

表 4-1　"资源诅咒"与"荷兰病"组合

		资源诅咒	
		是	否
荷兰病	是	整体增长，多样化出口	增长停滞，但多样化出口
	否	整体增长，但是制造业减少	增长停滞，而且减少制造业

第二节　东北地区自然资源型城市的转型现状

因此，我们必须在立足本国国情的基础上，深入探讨资源枯竭地区经济转型和可持续发展确立的理论根据和实施机制。东北地区自然资源丰富，对我国国民经济的发展做出了重大贡献，但是目前东北地区正面临一系列问题，城市转型极为艰难，也成为影响东北振兴的重大问题。因此，以下将以东北地区为例，通过探讨东北地区资源型城市与产业转型面临的问题，进而以阜新市为例探讨解决问题的途径，摸索出一条资源型城市经济转型和可持续发展的道路。

一　东北地区城市与自然资源二位一体

根据王青云（2003）对资源型城市的划分，我国共有 118 座资源型城市，我们整理得表 4-2。

表 4-2　资源型城市的地区分布

省份	资源型城市的数量/座	城市名称
辽宁	7	抚顺、本溪、阜新、盘锦、葫芦岛、铁法、北票
吉林	10	辽源、白山、敦化、珲春、桦甸、蛟河、松原、舒兰、临江、和龙
黑龙江	13	鸡西、鹤岗、双鸭山、七台河、大庆、伊春、五大连池、铁力、尚志、海林、穆棱、宁安、虎林
内蒙古	9	乌海、赤峰、满洲里、牙克石、东胜、锡林浩特、霍林郭勒、根河、阿尔山
河北	5	唐山、邯郸、邢台、武安、迁安
山西	11	大同、阳泉、长治、晋城、朔州、古交、霍州、孝义、介休、高平、原平
安徽	4	淮南、淮北、铜陵、马鞍山
福建	2	永安、漳平
江西	5	萍乡、丰城、德兴、乐平、高安
山东	9	枣庄、东营、新泰、龙口、莱州、滕州、邹城、肥城、招远
河南	8	平顶山、鹤壁、焦作、濮阳、义马、汝州、灵宝、登封
湖北	2	潜江、大冶
湖南	6	耒阳、冷水江、郴州、资兴、涟源、临湘
广东	3	韶关、云浮、乐昌
广西	2	凭祥、合山
四川	5	攀枝花、广元、华蓥、达州、绵竹
贵州	2	六盘水、福泉
云南	4	东川、个旧、开远、宣威
陕西	2	铜川、韩城
甘肃	3	白银、金昌、玉门
宁夏	1	石嘴山
新疆	5	克拉玛依、哈密、阿勒泰、库尔勒、阜康

其中，东北地区黑龙江、吉林、辽宁三省总计有资源型城市 30 座，大约占全国的 1/4，都是以自然资源为基础发展起来的。

根据王青云（2003）对典型资源型城市的划分，我们可以得到表 4-3。

表 4-3　东北地区典型资源型城市分布

省份	城市数量/座	城市名称
辽宁	7	抚顺、本溪、阜新、盘锦、葫芦岛、铁法、北票
吉林	6	辽源、敦化、珲春、松原、临江、和龙
黑龙江	7	鸡西、鹤岗、双鸭山、七台河、大庆、伊春、铁力

从中可以看到，东北地区资源型城市众多，而且往往都是以矿产这类枯竭型资源为典型特征的，这些城市按照人口规模来划分也是属于大中城市的居多（表 4-4）。这会对经济转型产生一系列的影响。

表 4-4　东北地区资源型城市规模划分

城市规模	城市数量/座	城市名称
特大城市	1	抚顺
大城市	6	大庆、本溪、伊春、鸡西、阜新、鹤岗
中等城市	9	盘锦、葫芦岛、双鸭山、七台河、辽源、松原、敦化、铁力、北票
小城市	3	铁法、珲春、和龙

综合以上，东北地区资源型城市主要是依靠矿产枯竭型资源发展起来的，资源兴，城市兴；资源衰，城市衰。因此，其自然资源型产业转型必然会涉及资源产业投资资产及重新利用问题，很容易产生沉淀成本。

二　东北地区计划经济体制所占比例大，计划多，市场少

新中国成立初期，我国实施重工业优先发展战略，而资源要素禀赋结构难以适应这种要求，从而导致与该战略相配套的体制只能是用计划手段来配置资本的高度集中的体制。由于资本被纳入计划配置的框架，要想使资本最大限度地发挥作用，就必须保证所需要的劳动力、原材料等也被纳入计划经济体制的框架，并同样优先配置到重工业的生产领域。因此说，计划经济体制为了实现优先发展重工业的战略目标，不仅要把资本、劳动力等生产要素以集中计划安排的手段配置到重工业领域，而且要压低资本、劳动力等要素的价格，从而降低重工业产品的生产成本。因此，计划经济体制是一种内生的制度安排（林毅夫等，1993），是一种适合加速发展重工业的手段。因而，在东北地区形成高度集中配置资源的体系，低补偿、高积累的政策，导致政府为了实现重工业优先发展的目的，大力实行外延扩大再生产，很少关注补偿基金，很少考虑折旧基金，从而很容易导致沉淀成本很大。

三 东北地区重工业所占比例大，产业结构不合理

实施重工业优先发展战略，需要选择那些适宜发展重工业的地区作为这个战略的重点发展基地。由于黑龙江、吉林、辽宁三省不仅有一些工业生产基础，而且该地区拥有煤、石油等能源矿产，铁、锰等金属矿产，以及很多非金属矿产资源，适于发展重工业，因此计划经济体制也就成为东北地区重要的资源配置手段。反过来说，市场机制很少，因为市场机制与重工业优先发展战略相悖：如果使用市场机制发展重工业，会产生两个后果。一是产业结构方面的问题。重工业耗费的资本较多，如果资本价格较高，投资成本就会较大，相对而言，轻工业要比重工业耗费资本少，而更多的是耗费劳动。如果采用市场机制配置资源，在稀缺的资本使用成本较高的情况下，轻工业就具有比较大的优势。因此，采用市场机制配置资源的手段不是发展重工业而是发展轻工业。二是经济总量问题。由于重工业的投资成本高，在技术水平和其他条件不变的情况下，重工业生产领域所获得的利润就会减少。而利润减少意味着资本积累不足。其后果是，积累用于再投资的资本就不足，这会直接影响再投资的规模。如果投资规模小，经济总体的增长速度就会受到影响。因此，采用市场机制难以做到发展重工业，难以加快经济增长速度。东北地区的计划经济色彩比较浓厚，市场机制较少；与重工业优先发展战略相关的是恰好东北地区有丰富的自然资源，适合发展重工业。很少发展轻工业会导致产业结构扭曲。

四 东北地区国有经济所占比例大，所有权结构不合理

东北地区成为国家重工业优先发展战略的重要基地，市场机制难以与重工业发展战略相匹配。此时，完成重工业优先发展的任务在逻辑上只能落在国有企业身上。因为私营企业追求利润最大化，必然要求对资源投入有更多的选择权和决策权，而这种源于私营企业追求目标的内在要求，同国家计划要求的集中统一安排和资源配置的目标是矛盾的。因此，为了实施优先发展战略，不仅需要实行计划经济体制，而且还需要在计划经济体制条件下塑造一个并非追求利润最大化的国有企业去完成这个战略目标。东北地区不仅计划经济体制色彩浓厚，而且国有经济所占比例大，非国有经济比例小，如表4-5所示。

表 4-5　东北地区部分资源型城市的所有制结构（2000 年）

城市	工业总产值/ 万元	国有及控股工 业产值/万元	私营工业产值 /万元	国有及控股工业 产值比重/%	私营工业产值 比重/%	所占比重合 计/%
阜新	445 761	357 101	14 440	80.11	3.24	83.35
北票	29 194	16 320	2715	55.90	9.30	65.20
辽源	279 664	226 580	15 087	81.02	5.40	86.42
鸡西	486 360	320 766	9 301	65.96	1.91	67.88
鹤岗	374 550	260 711	33 957	69.61	9.07	78.67
七台河	261 771	214 624	22 427	81.99	8.57	90.56
大庆	7 096 546	6 449 771	39 245	91.59	0.55	92.14
伊春	413 566	290 079	7 476	70.14	1.81	71.95

资料来源：王青云 . 2003

　　由此可见，东北地区所面临的初始条件，如计划经济体制所占比例大、资源型城市典型、国有经济所占比例大、重工业所占比例大等特征，恰恰是重工业优先发展战略条件下的一种理性选择，从而产生具有稳定性的"铁三角"架构，如图 4-1 所示。

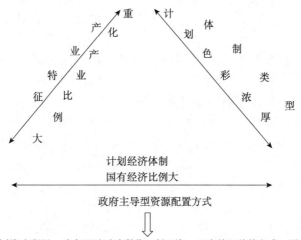

图 4-1　东北地区"铁三角"架构

　　由图 4-1 可知，东北地区"铁三角"架构的这种选择，具有潜在的问题。换言之，这种经济结构是极度脆弱的，很难经受得起外部和内部的不利冲击，从而认为这些初始遗产对于东北地区，特别是资源型城市来说具有更大影响。东北地区国有经济大多与自然资源开采、生产及销售活动相关。以这些自然资源为主形成的城市同样也出现了经济衰退问题，这些投资的物质资产和人力资产沉淀成本，使自然资源型产业转型异常困难。

第三节　阜新市自然资源型产业发展的现状

辽宁省煤、铁、石油等自然资源相对丰富，阜新煤矿、辽河油田都曾为国家建设提供了大量的能源支持。但是，伴随着能源的枯竭，这些产业的发展受到了很大的制约，对其所在城市甚至辽宁省的经济和社会的发展都产生了巨大的负面影响。一些城市的发展甚至伴随着资源的枯竭和自然资源型产业的衰退，面临巨大的困境，因为很多资源型城市就是因为该产业的兴起而建立的，城市防范风险的能力很脆弱。因此，促进这些产业的顺利转型，是关系到整个地区经济和社会稳定发展的关键。

阜新市位于辽宁省西北部。早在"一五"时期国家重点建设的 156 个项目中，阜新市就占有 4 个能源工业项目，奠定了其煤电工业的基础。"2001 年，阜新矿务局生产商品煤 825.5 万吨，实现产值 15 亿元，占全市工业总产值的 20%，占全市规模以上工业总产值的 34%。工业增加值占全市工业增加值的 34.2%，煤炭工业在全市经济中占有举足轻重的地位。"（王青云，2003）

经过近百年的开采，阜新煤矿的资源储备已趋于枯竭，剩余可采储量仅为 3 亿吨左右，而受地质条件复杂、煤层过深、采掘成本过高等条件的制约，阜新煤矿的经济可采储量较少。因此，自 20 世纪 80 年代开始，阜新矿务局陆续关闭、报废了多处矿井。到 2002 年年底，已累计报废 61 座矿井和 1 家露天矿，其中包括全国闻名的百年老矿：平安矿、东梁矿和新邱露天矿。随着大量煤矿的关闭，阜新矿务局的煤炭产量也骤然减少，1992～1999 年的原煤产量平均每年递减 4%。自我国改革开放以来，面对日益激烈的市场竞争和煤炭资源的不断枯竭，阜新矿务局的经济效益也大幅度下降，1999 年陷入经济发展最低谷，累计亏损 1.3 亿元，2000 年的煤炭销售额比 1997 年减少了 21.5%，阜新矿务局成为辽宁省生存最困难的国有煤炭企业之一。

因生产规模缩小，效益降低，阜新矿务局已无力支撑矿区职工及其家属的生活，大量裁员，造成了众多的下岗失业人员。"截至 2001 年 6 月底，阜新市实有下岗职工和失业人员 15.6 万人，其中下岗职工 12.85 万人，占全市下岗职工的 36.7%；失业人员 2.7 万人，登记失业率为 5.9%，居全省之首。在下岗和失业人员中，矿区职工占 45%。"（李成军，2005）

一、阜新市产业转型的目标与措施

2001 年年末，国务院将阜新市确定为全国唯一的自然资源型产业转型试点市，提出要通过阜新市经济转型试点分析中国自然资源型产业存在的共性问题。并且，要求阜新市研究制定经济转型的措施和政策，探讨一条符合中国国情的自然资源型产业经济转型的路子，发挥当地宜农优势，以现代农业和服务业为重点，兼顾第二产业，大力发展非煤产业和替代产业，加快产业结构调整，促进经济复兴。这一策略为阜新市的经济发展和转型提供了机遇。

（一）经济转型的战略目标

阜新市经济转型总的指导思想是：以邓小平理论和江泽民"三个代表"重要思想为指导，以发展为主题，以安置下岗职工就业为出发点，以城市和矿区经济转型为重点，坚持自力更生、发奋图强、与时俱进、真抓实干，坚持用观念创新带动体制创新、机制创新和科技创新，实行投入多元化，坚持用市场经济的方式运作转型，综合设计，立足当前，着眼长远，充分发挥阜新地区宜农优势，重点发展现代农业和现代服务业，调整优化第二产业，大力培育替代产业，逐步形成一、二、三产业协调发展的产业结构，实现阜新的第二次创业。

具体原则包括：①创新原则，即通过观念的创新，带动体制创新、机制创新和科技创新，在创新中求发展，促转型；②自力更生为主的原则，即正确处理自力更生与争取国家和辽宁省支持之间的关系，坚持以自力更生为主，国家和辽宁省支持为辅，实现转型；③市场化原则，即从计划经济的传统体制中解放出来，坚持用市场机制、市场经济模式运作转型，大力发展民营经济，即坚持多种所有制经济共同发展，在政策及资金支持上对民营经济一视同仁，为民营经济发展提供良好的政策环境，实现经济转型；④多元投入原则，即面向社会多方、多渠道筹集经济转型建设资金，一方面努力争取国家和辽宁省的资金支持，另一方面通过政策引导，积极吸引域内外资金、金融部门信贷支持及外商投资；⑤对外开放原则，即坚持在开放中寻求转型资金、市场、技术和人才，靠对外开放促进转型；⑥市、矿一体原则，即打破传统条块分割的体制性障碍，在转型中坚持市、矿一体，谋合力、求发展，共同推进转型。

阜新市经济转型的发展目标如下：第一阶段（2001～2005 年），建设一批现代农业示范区，培育一批农业产业化龙头企业；调整优化工业结构，把有比较优势的工业企业和产品做大做强；大力发展与现代农业相关的第三产业；加强基础设施建设；完成矿区沉陷区居民搬迁和综合治理工作。经济总量比 2000 年翻一番，与现代农业相关的产业创造的增加值占全市经济总量的比例达到 40%

左右，财政收入和城乡人民生活水平有较大幅度提高，城市就业矛盾得到初步缓解。第二阶段（2006～2010年），基本建立起现代农业体系，形成具有阜新地域特色的优势产业和可持续发展能力。生态环境得到根本改善，初步建成全国生态农业示范市和节水型城市。经济总量比2005年再翻一番，与现代农业相关的产业创造的增加值占全市经济总量的50%左右，人均GDP、城乡人民生活水平达到全国平均水平，实现地区劳动就业供需基本平衡。第三阶段（2011～2015年），人均GDP、城市居民人均可支配收入、农民人均纯收入超过国内平均水平，地区劳动力广泛就业，建立起以现代农业为代表的、一、二、三产业协调发展的城市经济体系，城市经济实力、综合竞争能力大大增强，把阜新建设成为充满生机和活力，文明、发达的现代化城市。

（二）经济转型的主要措施

阜新市加快经济转型的重要措施是：充分发挥宜农优势，重点发展现代农业和现代服务业，调整优化第二产业，大力培育替代产业，促进经济复兴。

1. 突出发展现代农业

在经济转型过程中，阜新市始终把依托土地资源优势发展现代产业化农业放在突出位置。历史上，阜新就是一个宜农宜牧地区，土地资源比较丰富，拥有560万亩耕地，农村人均占有耕地5.5亩，具有发展饲料粮种植和畜牧业的优越条件。阜新市委、市政府提出：经济转型要从"以煤为主"的黑色经济向以绿色农产品精深加工为主的绿色经济转移。依据"适应市场、因地制宜、科学决策"的原则，大力发展高科技农业、特色农业、设施农业、生态农业、订单农业、出口型农业，以及与现代农业相适应的农产品加工业。以矿区非生产经营性土地、闲置厂房、设施和城市周边乡镇的土地为依托，建设一批科技含量较高的现代农业开发示范园区和畜禽专业养殖小区。发展以优质牧草为主的饲料作物种植业。建设蔬菜、花卉大棚园区，推进"四位一体"生态模式户建设。大力推进农业产业化经营，通过外引内联等形式培植和组建一批农业产业化企业，力争在乳制品、肉制品、草粉加工、果菜制品、粮食加工等领域形成一批在省内外有一定规模和竞争力的龙头企业。具体措施有：搞好园区建设，发展设施农业；发挥龙头带动作用，发展畜牧专业化养殖；调整种植业结构，发展特色种植业；加强生态建设，发展林果业；重视农业基础设施建设等。

2. 加快发展第三产业

以安置就业特别是安置下岗职工就业为出发点，以全面构筑现代农业和现代服务业市场体系为中心任务，积极探索连锁经营、物流配送、大型超市和电子商务等现代流通方式，用现代流通带动现代生产。用现代服务技术改造商贸流通、交通运输、市政服务等传统服务业。积极发展信息、咨询、旅游、房地产、社区服务和社会化服务等新兴服务业，为社会创造更多的就业岗位。重点措施有：围绕现代农业建立多元化、社会化服务体系；大力发展社区服务业；发展特色旅游业；整合城市资源，发展现代物流业；加快房地产业发展步伐，拉动经济增长；发展非义务教育，促进教育产业化等。

3. 调整优化工业结构

以结构调整为主线，以增加经济总量和安置下岗职工就业为重点，在稳定发展煤电的基础上，大力发展具有明显资源优势和比较优势的产品与企业，扶持一批具有阜新特色和安置就业容量大的企业与产品。大力发展民营经济，增强市场竞争力，全面提升工业整体实力，形成结构合理、特色突出、制度创新、效益显著的工业经济发展新格局。主要措施如下：稳定煤炭生产，为保证经济转型的顺利实施，避免因煤炭产量下降而出现大量下岗职工，重点合理安排煤炭开采，实施海州立井、五龙矿、清河门矿改扩建工程，将煤炭年产量稳定在800万吨左右，为经济转型赢得时间；扩大电力生产，在"十五"末期，阜新发电厂进行改扩建工程，新上两台30万千瓦发电机组，总装机达到110万千瓦；深化开发矿产资源系列产品。开发煤层气资源，建设煤层气抽放系统，供工业和居民使用。开展煤炭地下气化，建设气化工业性生产矿井，年气化煤炭60万吨。利用矿井水资源，建设矿井水净化处理厂，年处理水量2200万吨。利用煤矸石、粉煤灰资源，建设粉煤灰和煤矸石空心砖生产线。利用阜新原有的氟化学工业基础，发展含氟涂料、聚四氟乙烯系列产品。开发利用阜新丰富的粉煤灰、煤矸石资源，发展新型墙体材料，重点发展粉煤灰轻体砌块、粉煤灰空心砖、煤矸石烧结砖等。

4. 搞好下岗职工再就业工作

就业岗位稀缺是煤矿城市最突出的社会矛盾，也是经济转型急需解决的首要问题。阜新市将实现下岗职工再就业、提高群众生活质量放在经济转型工作重中之重的位置，着重解决好矿区职工的就业和生活问题。通过引导下岗职工从事种植业与养殖业、从事农副产品经营与社区服务业、到民营企业就业或自谋职业、到劳动密集型中小企业就业以及组织劳务输出等多种途径拓宽其再就业渠道。推行弹性大、灵活性强、多样化的就业形式，加强劳动力市场建设，完善就业服务体系，将促进就业优惠政策落实到位，积极推动下岗职工再就业。同时，将采煤沉陷区治理与经济转型结合起来，将居民搬迁与解决下岗职工再就业结合起来，做到以发展促转型，以乐业带安居。

二 阜新市自然资源型产业转型路径

阜新市发展接续产业的第一要务是通过经济结构的调整，重点实现由资源型经济向复合型经济转变、由单一产业向多元产业转变、由粗放型经济增长方式向集约型经济增长方式转变，摆脱经济增长速度缓慢、财政收入减少、失业率提高、人民生活水平与质量逐渐降低的衰退态势，实现经济持续、快速、健康发展。"十五"、"十一五"期间，阜新市发展接续产业的重点任务是：调整产业结构，大力发展接续产业；加快基础设施建设；发展科技教育和文化卫生事业；加强生态环境保护和建设；集中力量，精心规划和组织建设一批事关资源型城市经济转型发展全局的重点工程，千方百计扩大就业和再就业。

首先，积极调整产业结构。阜新市产业结构存在的主要问题是：产业结构单一，工业技术水平低，过分依赖资源开发，农业基础薄弱，第三产业发展滞后，城市基础设施不完善，综合服务功能不健全。因此，阜新市在推进经济转型的过程中，主要从自身优势和特点出发，加大对农业的投入，着力发展适应市场需要的特色农业、创汇农业、效益农业，推进农业产业化，向现代农业转移；依靠科学进步，大力发展接续产业、特色经济和优势产业，培育新的经济增长点，积极推进优势资源的合理开发和深度加工；加强主导资源的勘探开发，加大结构调整力度，开发比较优势明显、市场前景好的矿产资源，包括有色金属、稀贵金属、稀土、钾盐、磷、矿和铁合金等，逐步提高产品加工深度；充分利用独具特色的自然、人文景观发展旅游业，加大对旅游基础设施的投入，努力将其培育成重要产业。

其次，加快基础设施建设。基础设施落后是影响和制约阜新市发展接续产业的重要因素。因此，阜新市在推进接续产业发展的过程中，高度重视基础设施建设，不断加快城市的供排水、污水处理、供热等设施建设，逐步解决城市公益设施的配套完善问题，加快城乡电网建设和改造，进一步扩大通信容量，提高通信质量和服务水平，因地制宜，采用有线、无线、卫星等多种接入方式，逐步提高城乡电话普及率。与此同时，大力发展交通事业、加强城乡公路网化建设，扩大与外部联系的通道，为扩大开放、招商引资创造良好的条件，促进与周边国家的联系和合作。

再次，加强生态建设和环境保护。阜新市在发展接续产业过程中，十分注重加强生态建设和环境保护，下大力气搞好沉陷区治理，特别是集中财力实施好沉陷区居民的危房搬迁工程。同时，有计划、分步骤地实施退耕还林、还草等生态建设工程，努力改善生态环境和条件，进一步搞好水资源建设和节水工程，实现水资源的永续利用。

最后，努力扩大就业和再就业。阜新市发展接续产业面临的突出问题是如何扩大就业和再就业，保持社会稳定。因此，阜新市在发展接续产业的过程中，十分注重把扩大就业和再就业作为经济转型的主要任务，千方百计抓好、抓出成效。

三 阜新市发展接续产业的有益尝试

四年来，阜新市紧紧抓住作为全国资源型城市经济转型试点市这一难得机遇，坚持"自力更生，龙头牵动，科技支撑，民营为主，市场运作"的方针，以调整和优化经济结构为重点，加快构筑新的接续替代产业，在探索资源型城市经济转型道路上做了有益的尝试，取得了阶段性成果，概括起来说，就是"三个依托"发展产业、"三个依靠"推进转型、"两个坚持"创造环境。

第一，依托丰富的农业资源优势，加快培育以农产品加工业为重点的接续替代产业，建设全国重要的食品工业城。根据土地资源丰富、气候和环境比较适宜发展绿色食品的实际，阜新市把发展食品及农产品加工业作为继煤炭产业之后的重要接续替代产业来抓，几年来，已引进和培育河南双汇、内蒙古伊利、上海大江等70多个龙头企业，带动全市形成了生猪、乳品、白鹅、食用菌、杂粮等14个农业产业化链条，初步构筑起接续替代产业框架。目前阜新双汇销售收入已达12亿元，成为东北地区最大的肉类加工企业；阜新伊利已具有日处理400吨鲜奶能力。全市规模以上农产品加工业产值已达到29亿元，占全市规模以上工业比重由2000年的12.7%上升到2006年的25%。

第二，依托传统工业优势，巩固发展能源基地，建设辽宁装备制造业配套基地。一是稳定煤炭生产，大力发展电力工业。通过技术改造和开发新资源，使煤炭产量在一定时期稳定在1000万吨左右，为全市转型赢得了时间。通过加强深部找矿、提高井工矿产量等措施，稳定现有煤炭产量，为转型赢得时间。通过发挥破产矿的人员和装备优势，积极开发内蒙古白音华煤田，并着手修建连接内蒙古锡林郭勒盟与阜新市的专用煤炭运输通道巴新铁路，进一步巩固煤炭产业基础。同时，利用煤炭、煤矸石和风能资源，启动实施了70万千瓦阜新发电厂三期改造、60万千瓦金山煤矸石热电、百万千瓦风力发电等一批电力工业项目。2006年已建成2.4万千瓦彰武金山风电场，正在建设华能新能源50万千瓦风电场项目。此外，还在探索煤层气发电。依托能源优势，建设全国重要的煤化工基地。在国家产业政策的指导下，充分利用阜新市的煤电基础和蒙东地区丰富的煤炭资源，大力发展煤化工，建设煤炭深加工产业集群。而且，阜新市正在规划年产520万吨甲醇及深加工产品的煤化工项目，前期各项工作进展顺利。

第三，依托比较优势，打造产业集群，加快发展壮大一批区域特色产业。规划建设了玻璃、电子、橡胶、氟化工四大工业园区，初步形成了优质浮法玻璃深加工业、橡胶制品业、新型电子元器件制造业和含氟精细化工业等特色产业集群，积极抓住辽宁建设全国先进装备制造业基地的契机，加快做大装备制造业。目前，全区已形成大吨位压铸机、汽车动力转向泵、电力电缆等一批优势产品和产业群体。目前，这些优势特色产业占全市规模以上工业的 30%以上。着力培育壮大优势特色产业，重点培育壮大北派服饰、精细化工、玛瑙制品、新型电子元器件、装备制造配套、新型建材等六大优势特色产业。围绕发展优势特色产业，规划建设了 1 条工业走廊、5 个工业区和 20 个工业园，为引进培育项目搭建了平台。

第四，依靠体制创新，增强转型的内在动力。按照现代企业制度的发展方向和投资主体的要求，积极推进国有企业进行真正意义上的产权制度改革。通过合资合作等形式，北方压铸机、鹰山水泥等一大批国企与境内外大企业、大集团联合重组，地方国有工业企业转制任务基本完成。坚持用市场机制运作经济转型，所有的转型项目都实现了新的机制。民营经济占全市经济的比重由2000 年的 27%上升到 2005 年的 56%。

第五，依靠全方位对内对外开放，增强转型的外在推力。在转型实践中，坚持把扩大对内对外开放作为第一战略，以项目为核心，抓住重点国家和地区产业转移、产业辐射和产业融合趋势，引进、建设投资 1000 万元以上的项目310 个，总投资 240 多亿元；2005 年直接利用外资实现 3850 万美元，增长49%，累计实现 1.15 亿美元，是"九五"时期的 4.3 倍；当年完成出口创汇3300 万美元，是"九五"末期的 3.3 倍。

第六，依靠科技创新，增强转型的支撑力。广泛加强同国内外大专院校的科技合作，加快科技成果的引进、应用和推广，先后与中国农科院、清华大学等 20 多家高校院所开展多领域的科技合作。争取科技部在阜新市实施了阜新现代农业 13 个科技专项；争取中国科协将阜新市确定为全国依靠科技推动经济转型与振兴试点市，促成了一批科技项目的对接；加快培育自主创新能力，在阜新国家农业科技园区建立了胚胎移植开发中心等 10 个农业科技研发中心，在经济技术开发区建立了高新技术创业中心，孵化和正在孵化的民营科技企业近70 家。

第七，全力抓好就业、社保等民心工程，不断提高人民生活水平。坚持从阜新实际出发，实施就业优先战略，通过引进和培育农业产业化龙头企业、发展民营经济等 10 个渠道，全市实现实名制再就业 19.5 万人。紧紧抓住国家在辽宁完善社保试点机遇，加强社保体系建设，城乡特困群体和弱势群体得到了救助和保障。千方百计扩大就业，坚持就业优先战略，累计实现就业再就业 27.1万人次，并实现了"零就业家庭"动态为零。坚持开展多层次、多形式的技能培训，共培训下岗失业人员 10.5 万人次，特别是加大了对"4050"下岗职工子女的免费培训力度，使部分下岗职工家庭通过子女就业摆脱了困境。坚持建立健全劳动力市场体系，形成了覆盖城乡的就业服务网络。全面加强社会保障和救助体系建设。社保体系进一步完善，参加基本养老保险、失业保险、医疗保险的城镇职工分别达到 21.9 万人、22.6 万人、34.7 万人，18.2 万名城镇困难居民享受到了最低生活保障。实施了农村最低生活保障制度、农村低保大病救助制度、城市低保大病救助制度、城市低保分类救助制度、城市医疗救助制度试点。新型农村合作医疗全面启动，农业人口参合率达到 80%。

第四节 阜新市自然资源型产业转型过程中存在的锁定问题

一 产业结构问题仍未完全解决

受地区经济发展总体水平的影响，阜新市第一、第三产业内部结构质态低层化的特征依然存在，主要表现在：一是种植业、养殖业和家庭手工业在低层次上结合的传统格局的延续；二是计划经济时期形成的单纯"以粮为纲"、"以粮为绩"的数量型发展的片面影响。从阜新地区的第一产业结构看，与省内先进地区比，近年来该市虽然粮食总产量有很大增长，但农民的增收并没有与粮食产量增长同步；优质高产高效农业、生态农业、乡镇企业和农业产业化等市场农业发展质的方面仍然低于全省先进水平。主要表现在：一是种植业内部、细粮、经济作物和其他作物的比重偏低；以市场为导向，形成区域特色的专业化规模种植，提高农产品商品化程度方面还比较薄弱。二是畜牧业稳步提高，但从全省具备畜牧业发展的各方面条件比，畜牧业占农业的比重、畜产品的商品化程度还很不理想。三是乡镇企业与农业结合，使农业向深层增值和农业产业化的步伐较慢。四是改善农业生产条件、抵御自然灾害对农业稳产高产的影响以及实施农业综合开发、生态农业等可持续发展方面还需加大投入力度。

从阜新地区的第三产业结构来看，第三产业的内部结构矛盾仍然很突出。判断第三产业的产业结构是否与地区经济发展适应，不仅要看静态的经济指标，还应该看这种比重带来的农业劳动力过剩、工业资本发展不足情形。第三产业的性质，这种规模结构上的"反产业化"现象与工业化国家的产业顺次成长有着质的区别。应该看到，第三产业的内部结构矛盾仍然很突出，直接为生产服务的科研（包括民营科技）、环保、广告信息咨询、农业技术服务、社会保障等行业发展还很滞后；劳动密集型、技术层次较低的个人消费服务如理发、美容、商业、餐饮、浴池、娱乐、修理、装修等行业构成了第三产业的主体力量。但总体来看，第三产业的发展在质的方面还很滞后，特别是体现"科学技术是第一生产力"的作用不明显，直接为生产服务的新兴的行业仍然是薄弱环节。

二 体制积弊严重致使政策支持不够透明

僵化的企业组织结构、所有制结构（体制和机制）的制约，造成对地区经济利益的分割，形成了资源的非有效配置，没有形成地区的整合优势，影响了全局性整体效益的提高。由于历史原因，阜新的工业经济形成了多元格局，有中央直属企业、省属企业、市属企业、县区企业、街道企业、乡镇企业等，条块分割使资源和生产要素分属不同的利益集团，大量的生产能力和经济存量浪费，不能调整到位，全局利益和局部利益冲突，利益协调难度加大，小灶小坑重复建设，结构趋同，削弱了地区经济实力，导致产业结构层次越来越低，经济发展越来越被动。

同时，阜新市作为国家确定的资源型城市经济转型试点市，国家和辽宁省的支持多是针对具体项目，一般情况下是一事一议，缺乏一种长期有效的机制和统一的政策扶持。阜新市在财政、税收、信贷、土地、社保等方面与其他城市没有特殊之处，在招商引资方面不具备优势，没有形成政策洼地效应。而且，由于阜新市工业基础薄弱，企业规模小，规划上报规模不大，与国家开设的专项项目对路少，很难进入国家计划，在项目争取上处于劣势，争取东北地区改造国债扶持项目很难。同时，国家为抑制投资的过快增长，实行了最严格的土地政策，停止新批建设用地指标，许多转型项目因用地审批问题而搁浅，土地问题已成为阜新招商引资的瓶颈问题。

三 缺乏资金支持问题

阜新市是辽宁省财政收支矛盾最突出的地区。2005 年，地方财政一般预算收入 714 亿元，仅占全省的 1.1%，人均地方财政一般预算收入 383 元，仅为全省平均水平的 23.1%。财政一般预算支出中的 74% 要用于人员经费及保运转支出，占可支配财力的比重高达 81.6%，是典型的"吃饭财政"，而促进就业和再就业、扶持创业、贫困人口受教育、弥补社保资金缺口、破产企业职工安置、建设公共基础设施等又急需财力支持。仅社会服务职能部门和社会保障职能部门经费缺口就达 1174 亿元。然而，财政极度困难的阜新，每年上划给中央和省的税收增量却高于中央和省级财政每年向阜新提供的转移支付，休养生息无从谈起。由于地方财政紧张，配套能力较弱，对一些重点项目很难给予足够的资金支持，不利于引进科技含量较高的农产品加工龙头企业。阜新是贷差地区，许多信贷资金靠拆借筹措，不良贷款率较高。除 4 家国有商业银行外，只有一家地方城市银行——阜新市商业银行（2009 年更名为阜新银行），在 4 家国有银行中，中国工商银行、中国建设银行审贷权已经被收到省行，市行只有报送权，没有审批权，经济转型缺乏金融资本的有效支持。

2005 年阜新全社会固定资产投资总额仅占全省的 1.7％。由于税收政策上的差异，一些原来准备在阜新落户的外来企业改建到其他省区；由于地方政府财力困难，在吸引外来资金上只能提供有限的支持，一些外来投资被吸引到省内其他城市；由于缺乏配套的自筹资金，一些已被列入国家专项资金的项目又被废止；由于信用环境恶劣，一些中小企业贷款困难；由于老企业沉重的债务包袱和历史问题，一些到阜新来谈判合资合作的外商知难而退。资金匮乏已成为制约阜新经济转型的瓶颈问题。

总之，要加快自然资源型产业转型升级，从根本上要靠制度，以政府与企业为主体深化改革，加快制度创新，优化制度设计。为此，需要做到以下方面。

1. 从市场层面看，深化市场经济体制改革，为自然资源型产业转型升级奠定制度性保障

实践证明，市场机制的完善程度，直接决定着整个经济的运行质量与效率。要实现经济发展方式的根本性转变，必须要有完善的市场体制作为保障。

第一，充分发挥市场的基础性调节作用，逐步弱化价格管制和行政审批的功能，加快推进生产要素价格体制改革，形成客观反映资源稀缺程度和市场供求关系的价格形成机制，尤其注重用严格的法规来规制企业开发利用资源的行为，将环境污染、生态破坏等负外部性内部化，从根本上解决资源浪费与低效利用问题，促进资源的优化配置，缓解或消除资源供需的尖锐矛盾。第二，对于易产生沉淀成本的资源如大型设备，要培育统一、规范、完善的交易市场，尤其是二手市场与租赁市场，并且对交易给予投融资上的便利，降低企业专用性投资的风险，刺激企业进行设备技术的更新。第三，强化市场竞争机制，进一步深化垄断行业改革，充分发挥市场竞争的功能，形成多元化的竞争主体。要不断优化国有经济布局和结构，坚持"有所为，有所不为"的原则，对于电力、石油、通信等垄断性行业，在不影响宏观经济稳定的前提下，还需要对垄断性产业实行结构重组，实现自然垄断业务与竞争性业务拆分，形成竞争性市场结构，引导企业将利润的获取由主要靠垄断转向依靠企业的技术创新、管理创新、品牌创造，提升经济发展的质量。

2. 从企业层面看，进一步深化国有企业治理结构改革，为自然资源型产业转型升级找到真正的市场当事人

中国国有企业改革大体经历了以下几个阶段：起初从扩大企业自主权开始，后又在商业流通领域实行"四开放"、工业企业"砸三铁"等改革，并由"党委领导下的成长负责制"到实行"党政分开"，实行"以厂长为中心的经济责任制"改革；再由实施"产权清晰、权责明确、政企分开、管理科学"的抓大放

小战略到"政企分开、自主经营和自负盈亏"的全方位改革。到目前为止，国有企业取得了应有的业绩和成就，虽然在数量上和比重上不断减少，但对国民经济的主导作用和控制力依旧，其发展方式的转变更具有决定性。较其他所有制企业，国有企业应该实行分类管理——垄断国有企业应保持国有独资，竞争性国有企业必须退出，由此展开各方面的改革。否则，就会造成严重的后果：国有企业的进退之间界限模糊；国有企业在该存在的领域缺位；无法实现国有企业利益的全民共享（卫祥云，2013）。受到行政力量的制约与其战略目标的特殊性的影响，制度安排上的缺陷更为明显，更增加了转变的难度。因此，要进一步深化股份制改革，建立产权清晰、权责明确、政企分开、管理科学的现代企业制度。

第一，进一步深化产权制度改革。一方面，明晰各方的权责利关系，降低交易成本，协调好各方之间的利益关系，明晰企业的财产所有权和使用权；另一方面，充分利用社会资本，从单一的国有独资向股权多元化转变，为经济发展方式的转变注入新鲜血液。第二，推行严格的国有资产预算管理制度，实行硬预算约束，抑制企业浪费资源、盲目投资的行为，防止产生无谓沉淀成本，使其为了利润将有限的资源投入到更优的领域，例如，加大技术创新力度，培养高素质专业人才等，自觉地推动企业向集约型发展。第三，除了关系到国家安全和国计民生的关键领域和行业，国有企业应进一步将社会职能分离出去，避免有限资源的低效配置，同时需要吸引民间资本加强竞争。第四，根据企业实际，进一步完善激励机制与约束机制，设计出一套能最大限度地激励企业人员积极性与创造性的奖惩制度，减少委托代理成本，将企业人员的利益与企业的优质发展紧密地联系在一起。在激励方面，除了采用剩余索取权来激励高层管理人员及决策者外，要注意扩大激励范围，对于技术人员、普通员工也要采取适当的方式进行激励，具体的激励方式可以是奖金、员工持股计划、股票期权等。在约束方面，进一步健全法人治理结构，真正地发挥股东大会、监事会、董事会的监督职能，防止"一股独大"和"内部人控制"，可以推行股权分置改革，加大国有股减持的力度，以及增加独立董事等。

3. 从政府层面看，切实转变政府职能，为自然资源型产业转型升级提供政策保障

第一，政府干预要以间接为主，避免"错位"与"越位"，大力推行行政体制改革，清除市场准入障碍，逐步减少地区保护、行业垄断、部门分割，充分发挥市场竞争的作用。第二，培养高素质的公务员队伍，引导干部树立正确的政绩观与发展观，建立科学的政绩评价体系和科学的考核办法，除了将 GDP 作为重要指标，还要将单位产值消耗、环境保护、社会安定、可持续发展能力等因素纳入绩效考核体系，激发政府节约资源、保护环境和推动经济增长方式转

变的积极性。第三，政府要切实发挥好经济调节、市场监管、社会管理和公共服务职能，在维护市场规则、鼓励技术创新、加强环境保护等方面对市场主体进行积极引导和管理，创造有利于经济发展方式根本转变的制度环境，重点突破研发、设计、营销、品牌培育、专门化分工等制约产业结构优化升级的关键环节，支持生产性服务业的发展。第四，充分利用财政政策与货币政策，调整和优化经济增长结构。2009 年消费对经济增长的贡献有了很大的反弹，但并未扭转消费在 GDP 比重中的劣势地位，所以仍要继续增加居民消费，实现"三驾马车"齐动。除了家电下乡、以旧换新等见效快的对策外，更本质地还在于深化分配体制改革、发展消费信贷、完善社会保障体系、促进城镇化等体制变革，从根本上增加低收入者收入、缓解两极收入分化、缩小城乡地区差异，真正实现拉动消费的目标。

第五章

国外自然资源型产业转型的经验及启示

自然资源在人类社会发展的过程中发挥着极其重要的作用。人类的生活离不开食物、衣服、房屋等物质生活资料，所以必须进行物质资料的生产，这也是人类社会存在和发展的基础。正如马克思所指出的："一切人类生存的第一个前提也就是一切历史的第一个前提，这个前提就是：人们为了能够创造历史，必须能够生活……因此第一个历史活动就是生产满足这些需要的资料，即生产物质生活本身。"（马克思和恩格斯，1960）自然资源为物质资料生产活动提供了基础、原料和动力。因此，自然资源既是人类生产、生活的物质基础，也是社会经济运行、发展的物质保障。从这个意义上说，自然资源开发利用也促进了社会经济的发展和人类文明的进步，人类不断地向自然界索取自然资源来维系自身生存和发展的过程，就是人类社会发展的历史缩影。

从西方工业化国家的早期经验看，各国以矿产资源加工为基础的工业布局多分布在煤炭和铁矿等资源的产地，资源型城市也最早出现在这些地区，如英国中部、德国的鲁尔地区和美国的东北部等。我国自20世纪50年代以来的工业生产发展也体现出相似的特征。资料显示，1952～1989年，全国新设城市近300个，其中有54个城市几乎没有任何历史基础。在这54个白手起家的城市中，有28个建立在自然资源开发基础之上（张雷，2004）。

同时，世界各国资源型城市的形成和发展都有相似的特征：在自然资源开采及其加工业的带动下，相关产业发展，提供了大量的就业机会，使自然资源属地非农人口大规模增长，进而促成城市兴起，以及城市规模的扩大。自然资源禀赋是资源型城市出现的决定因素，同时也造成了此类城市经济发展的资源依赖。从微观上看，资源型企业密布，并深刻影响城市居民的就业选择；从中观上看，资源优势演变成"资源陷阱"，导致城市产业发展层次较低，产业结构单一；从宏观上看，城市经济发展缺乏资源开发以外的增长点，城市布局失调、功能弱化，并与企业功能高度同构。这种资源的高度依赖性的结果必然是资源型城市经济发展与自然资源开发利用"一荣俱荣"，当然也会随着自然资源的枯竭而"一损俱损"。

第一节　可持续发展理念的产生及其影响

可持续性在经济发展、环境政策和经济研究方面日益受到重视，而且在生态系统维护、一般物种和自然资源保存方面是非常重要的概念。按照世界环境与发展委员会（WCED）的看法，这些相互关系要求所有国家的人民和各界人士尽快创新国家和国际的政策与体制，以促进社会的可持续发展。其基本立场是：有可能设计出既满足当代社会发展的需要，又不损害后代福利的战略（Clark and Munn，1986；O'Riordan，1988）。在20世纪中叶，在欧美和日本由工业污染引发的一系列公害事件，唤起了人们对环境问题的警觉。面对严峻的现实，众多学者纷纷发表文章、著书立说，分析环境问题产生的原因，论述生态环境恶化的严重后果，寻求改善环境和发展经济的人类可持续发展对策。1962年，美国生物学家卡逊（Carson）通过其著作《寂静的春天》发出呼吁：要正视由人类生产活动而导致的严重后果。1966年，英国经济学家鲍尔丁（Boulding）将系统方法应用于经济与环境相关性的分析，积极倡导储备型、休养生息、福利型的经济发展，主张建立既不会使资源枯竭，又不会造成环境污染和生态破坏的能循环利用各种物质的"循环式"经济体系来代替过去的"单程式"经济。英国生态学家戈德史密斯（Goldsmith）在《生存的蓝图》中提出了"稳定的社会"这一概念，即稳定的社会在给予它的成员以最佳满足的同时，也能使所有的意图和目的被无限期地持续，工业化的生活方式是不能持续的，只有实施政治和经济变革，自然灾难（catastrophe）才可以避免。

1971年，美国学者福雷斯特（Forester）在《世界动态学》一书中通过对系统动态学模型的分析提出，人类经济发展会由于资源的枯竭而陷于停顿。1972年，"罗马俱乐部"的麦多斯（Meadows）发表了《增长的极限》的研究报告。在这个报告中，麦多斯用"世界模型"向人们做出惊人的预测：人类经济增长在2100年以前将达到极限，并下了定论："世界体系的基本行为方式是人口和资本的指数增长和随后的崩溃。"这些悲观的观点遭到许多学者的批评，后者认为持续的经济增长是人类福利增长的先决条件。正如美国学者西蒙（Simon）在《没有极限的增长》中所阐述的，为了求得经济的增长，不必顾及生态环境的恶化，即科学技术的不断进步会使生态环境自然而然地达到平衡稳定。

面对日益高涨的保护环境的呼声，联合国于1972年在斯德哥尔摩召开人类环境会议并通过《联合国人类环境宣言》，该宣言呼吁各国政府和人民为维护和改善人类环境、造福全体人民、造福后代而共同努力。1980年，世界自然保护联盟（IUCN）、联合国环境规划署（UNEP）和世界自然基金会（WWF）共同发表了《世界自然保护大纲》，首次提出了可持续发展的概念，并强调人类利用对生物圈的管理，使生物圈既能满足当代人的最大持续利益，又能保持其满足后代人需求与欲望的能力。1987年，以挪威首相布伦特兰（Brundtland）为主席的世界环境与发展委员会发表了一份题为"我们共同的未来"的报告，正式提出了后来被广泛接受的"可持续发展"的概念："可持续发展是既满足当代人的需求，又不对后代人满足其自身需求的能力构成危害的发展。"（世界环境与发展委员会，1997）1992 年，在联合国环境与发展大会上，可持续发展概念被与会者接受。大会通过的《里约环境与发展宣言》（又称《地球宪章》）在斯德哥尔摩宣言的基础上，针对环境与发展问题提出了 17 条原则，得到国际社会的广泛认同。

持续发展观强调的是资源、环境与经济的协调发展，追求的是人与自然的和谐。其核心思想是，健康的经济发展应建立在具有生态持续能力、社会公正和人民积极参与自身发展决策的基础上。它所追求的目标是：既要使人类的各种需求得到满足，个人得到充分发展；又要保护生态环境，不对后代人的生存和发展产生危害。它特别关注的是各种经济活动的生态合理性，强调对环境有利的经济活动应予鼓励，对环境不利的经济活动应予摒弃。在发展指标上，不单纯用 GDP 作为衡量发展的唯一指标，而是用社会、经济、文化、环境、生活等多项指标来衡量发展。这些都反映了人类对今后选择的发展道路和发展目标的憧憬与向往。人们逐步认识到，沿袭过去的发展道路必将造成不可持续的发展，因而是不可取的，走可持续发展之路，是人类面临的必然选择。

第二节　国外自然资源型产业调整改造状况

对于资源型城市的改造，不同的国家因为国情不同而采取了许多有特色的措施，如德国鲁尔区在改造过程中侧重于人力资源开发和资金倾斜投入以促进资源产业转型，我们称之为"德国鲁尔模式"；法国洛林地区注重以高新技术改造传统产业，我们称之为"法国洛林模式"；英国在老工业基地改造过程中着重以大项目引进带动地区产业调整，形成"英国威尔士模式"。以下介绍英、美、法、德四个国家的产业转型之路。

一　英国自然资源型产业转型

英国是世界上最早进行工业革命的国家，曾经在很长一段时间内创造了令世界所有国家都望尘莫及的巨大生产力，但是到了 20 世纪初，随着新的科技浪潮的迅速推进和普及，英国的传统工业日趋衰落，依靠煤铁资源兴起的老工业基地也出现衰退，英国整个国家甚至成为主要资本主义国家中衰退现象最明显的典范。

20 世纪 60 年代以后，英国政府开始着重进行产业结构调整。伦敦、伯明翰、利物浦、谢菲尔德、曼彻斯特等曾为早期工业革命标志的大工业城市的许多工业企业关停并迁，取而代之的是金融业、服务业、电子产业等。总之，英国通过产业调整，加强对老工业基地的改造，使老工业基地重新迸发出生机。

工业化初期，英国在煤、铁资源的富集区，建立兰开夏、西约克夏、西米德兰、南威尔士、中苏格兰和英格兰东北部等大工业区。第二次世界大战后，这些主要建立在资源开发基础上的老工业区，由于结构性矛盾而不断衰落，造成这些地区的高失业率和人口大量外流，因此，英国的区域振兴政策的着眼点是解决老工业区的衰退和失业率过高问题，把失业率高于全国平均水平的地区确定为需要援助的特别地区，把受援地区定为"开发区"；其中，失业率最高的小块定为"特别开发区"，比邻开发区的地区，受开发区衰退的影响，同样存在失业问题，但程度轻于开发区，如不给予一定的支持，也很难发展，这类地区就定为"中间地区"。为了把新兴工业吸引到高失业率地区，并控制新兴工业密集地区的过度发展，主要采取了两项措施：第一，控制发放工业开发证书。凡是新建工厂必须有政府相应机构颁发的开发证书才能施工，凡符合政府的区域政策，在上述各类受援地区建厂的都可以取得开发证书，并得到政策规定的财政补贴、贷款利率、税收、折旧等方面的优惠。优惠数额视受援区创造的就业机会而定。当开发区失业率降低到一定比例（4％以下）时就立即取消开发区待遇，不再援助。第二，颁布一系列法令。包括最早于1934年颁布的《特别地区法》，规定对苏格兰中部、西坎伯兰、英格兰东北部和威尔士南部等4个失业率较高的地区作为受援区，援助主要用于基础部门的建设，以减少这些地区对衰落的传统产业的依赖程度；1945年的《工业分布法》，是第二次世界大战后第一个实施区域政策的立法。此外，还有以后的《工业资助法》和《工业发展法》等。20世纪80年代以后，英国传统产业（如煤炭、钢铁、造船和纺织等）集中的老工业区进一步衰落，英国的区域振兴政策更紧密地与创造就业联系起来，同时，把资金花在问题最严重的地区，有利于更多地创造就业机会，因而采取了既能解决问题又可节省开支的策略。英国威尔士模式的具体措施如下。

1. 利用高新技术改造传统产业

在英国的改造过程中，电子通信、生物工程、软件等行业比重日益增加，传统的纺织、采矿、钢铁、机械制造等所谓"夕阳产业"则逐步萎缩或停滞。但是，英国的企业并没有简单把传统产业等同于"夕阳产业"加以冷落，而是依托不断的技术改造、创新和经营改革，使这些行业获得生机，实现新的腾飞。英国的钢铁制造业是这方面的一个重要典型。1967年，英国政府把该行业的90％收归国有之后，便开始了一项投资30亿英镑进行现代化改造的10年计划。在这期间，新的科研成果不断被应用于冶炼与轧制、设计与生产、管理与营销等方面。新技术的应用，极大地提高了劳动生产率，到1980年，效率超过了欧洲任何国家的钢铁制造业。

2. 促进传统产业技术改造与创新

（1）增加政府的科技投入。英国政府将继续增加每年的科技预算，用于科学、技术与工程方面的研究、开发和利用（张蒿，2000）。

（2）鼓励企业增加研发（R&D）投入。与其他发达国家相比，英国企业的 R&D 投入呈下降趋势。传统产业的技术改造和创新与企业的 R&D 的投入密切相关。由于 R&D 是需要企业进行长期积累并具有一定风险的投资，企业特别是中小企业往往由于缺少资金或难以承担这方面风险而减少在 R&D 方面的投入。为鼓励企业增加 R&D 投入，英国政府采取了以下一些新的措施：①对中小企业的 R&D 投入施行税收优惠；②建立一个 1.8 亿英镑的产业基金，促进与引导金融机构对中小企业的投资；③通过可持续技术发展计划，帮助企业改进技新术，促进其产品生产工艺的可持续发展；④在政府新一轮 Foresight 计划中对制造业未来 20 年的发展进行预测，为制造业提供可行的建议；⑤支持机械工程师学会设立的制造工程卓越奖，对企业进行奖励。

（3）加强人力资源开发与技能培训。增加 R&D 的投入并不能直接为企业带来利润，只有依靠有技术技能和管理技能的人将知识应用于生产实际，才能为企业带来经济效益。为此英国政府将帮助企业加强人力资源开发与技能方面的培训，解决人力资源和技能短缺问题。贸易工业部将与教育就业部合作，促进产业界与高等院校的联系和相互协作。鼓励高等教育直接为生产实际服务，提高大学毕业生的职业技能。加强国家培训组织的网络建设，促进职业技能培训。

（4）推动信息通信技术的应用。英国企业在信息通信技术应用方面与美国、日本等主要竞争对手相比还有差距，为此英国政府将改革现有电信法律，促进企业应用信息通信技术，使英国成为全球电子商务中心。政府将与英国电信、微软、英特尔、康柏公司合作为企业应用信息通信技术提供咨询服务。

（5）建立产业协作网。产业协作，如企业之间供货网络、生产分工、产业分工等产业协作，是企业充分利用其投资和人力资源的一种重要方式。英国政府将以改善汽车配件工业计划为成功运作模式，继续支持十个不同行业的产业协作计划，继续支持区域开发规划，促进地区性的产业协作，建立区域性产业。政府将设立企业联系机构，每年为 1 万个有进取精神和发展潜力的企业提供技术、市场方面的指导；支持英国工业联合会的为未来准备就绪计划，鼓励企业面对未来的发展采取最佳策略。

（6）鼓励市场竞争。取缔不公平和反竞争的行为，改革现有企业兼并政策，为传统产业的发展提供开放的、竞争的市场环境。

3. 推行国有企业的股份制改革，鼓励中小企业发展

英国政府对老工业基地国有企业的股份制改革，可分为四个阶段（彭建国，1994）：第一阶段，由政府主管部门对国有企业改革方案进行可行性研究并做出决策；第二阶段，对包括调整国有企业内部结构在内的企业经营管理体制进行变革；第三阶段，出售国有公司股权并为股票上市做好准备工作；第四阶段，

国有企业股票上市，以及国有股权的逐步出售。在上述四个阶段中，第二、第三阶段最为重要。第二阶段是在公司内部进行经营机制调整。第三阶段是出售国有股权，为上市做准备，包括三个方面的内容：①评估国有企业资产，采用现时市场售价法，即对现有的资产按照可能出售的价格进行重新评估；②定价，国有企业股票上市定价是关键，若定价太高，认购人可能会减少，从而导致上市失败，这将大大损害国有企业股票形象，并给以后的国有企业股票上市造成困难，但上市股票若定价太低，国家将为此遭受重大损失，广大纳税人也会产生不满并且会造成二级市场投机过剩；③确定职工持股购股方案，英国政府对其国有企业进行股份制改造时，一般都让职工持有总股份的 10% 左右。职工持股可通过几种方式，一部分由公司向全体职工赠送股票；一部分让职工低价购买，而且低价购买部分还可以采取"买二送一"的办法；还有一部分是按公司上市价格优先购买。

例如，从 1988 年开始，英国为了改造传统产业，提高钢铁制造业的生产效率，对老工业基地的钢铁产业进行了大规模的私有化。通过上述程序操作，改制后的生产效率和产品质量都得到了极大的提高，到 2003 年，钢铁制造业的从业人数已经由 5 万人降到了 2.5 万人（郭福华，2004）。

另外，十几年来，英国政府先后采取了一系列措施，放松政府管制，提高老工业基地的经济活力。政府先后废除了 160 多项对经济活动的限制规定，如取消最低固定佣金制度；取消证券经纪人与证券批发商之间的分工；允许外国公司直接参加市场交易活动；废除私人企业工人最高工资的限额及对产品价格的限制等。同时，针对产业衰退和地区衰退问题，英国各级政府还积极扶植中小私营企业的发展，以增强经济活力。政府为此制定了《企业扩张计划》为中小企业提供资本和技术咨询。减少小企业应缴的所得税、投资特别税、法人税及附加税、资本让渡税、资本所得税等。英国政府的扶植政策增强了中小私营企业的发展势头，促进了老工业基地经济的发展。

4. 政府的财政政策支持促进老工业基地经济发展

英国政府规定，符合区域政策，在开发区建厂的企业可以得到政策规定的财政补贴、贷款利率、税收、折旧等方面的优惠，数额视其在开发区创造的就业机会而定（隋忠诚，2006）。而当开发区失业率降低到一定比例（如 4% 以下）后就立即取消开发区待遇，不再援助。这种限制性措施，为开发区创造了大量发展的机会。另外，英国政府在 1966 年颁布了《工业发展法》，规定在受援地区建厂可得到相当于设备投资 40% 的赠款，1968 年重新规定，对设备投资的赠款比例，特别开发区为 44%，开发区为 40%，中间区为 20%，并可减免所得税、财产税。20 世纪七八十年代老工业基地钢铁工人失业最多的时候，英国政府利用财政资金，为失业的钢铁工人提供免费培训，使他们获得重新就业的新技能；近些年，则开始通过对被裁减者实行贷款和其他类型的金融资助，帮助他们创业。政府对同意安置多余工人的公司给予临时就业津贴；出资在全国成立 49 个职业指导中心；为青年人提供获得工作经验的机会等。从 1975 年 4 月到 1978 年 3 月，政府在专门的就业服务和培训方面的支出总计达 5.6 亿英镑，1980 年 8 月宣布再拨款 2.5 亿英镑，主要用于为 18 岁以下找不到工作的中学毕业生提供职业培训机会；1982 年 7 月，又宣布了一项新的减少失业的计划，主要是向那些把全日工作分为两份半日工作的公司提供补助（马震平，2003）。

与后面的三种模式不同，英国威尔士模式更加强调市场对资源配置的关键作用。政府在改革过程中起了引导和辅助作用，其目的在于更加完善地发挥市场机制。当然，对老工业基地给予财政上的支持对于任何发展模式来说都必要的。

二 美国自然资源型产业转型

美国幅员辽阔，矿藏丰富，人口稀少，资源型城市主要是煤铁矿区和石油产区，一般规模较小，从几千人到几万人不等，产业转型难度较小。美国的资源型企业绝大多数是私人企业，政府主要通过财政和金融手段对经济进行控制，很少直接干预企业经营。因此，在处理资源型城市产业转型的问题上，主要由企业自主决定何时进入、何时退出和如何退出，政府主要解决资源型企业迁移后留下的人员安置问题。由于美国是移民国家，人们对于迁移习以为常，绝大部分居民都能顺利迁移到适合发展的城市。因而，其资源开采后有两个结果：一是因资源开发殆尽，人去城空；二是发展为综合型城市，如休斯敦和洛杉矶。

由于产业工人对所在城市产业依赖性并不强，他们习惯于迁移，因此，资源型城市产业转型压力并不大，所以，美国很少制定专门针对资源型城市的产业政策，只是在某些区域发展政策中含有对资源型城市所采取的一些措施。如美国曾为发展西弗吉尼亚地区的经济制定了一系列的区域政策，其中包括应对煤矿区开发枯竭问题的措施，如注重项目扶持和使用财政、金融工具等，较少使用直接补贴的方法。

为避免开发资源沉淀过多的专用性物质资产和人力资产，美国的许多企业积极采用先进的采掘技术，致力于先进的自动化设备的使用，既减少了工人数量，节约了人力成本，又增加了产出，提高了开发效率。

同样，也可以采取通勤方法，使从业人员居住在远离矿区的中心城市里，采用轮流上岗的办法完成资源开发工作，资源开发结束后，开发队伍搬迁到新的矿区继续从事开采工作。这样，不仅用于生产的专用性资产沉淀较少，而且也省去了用于城市建设的配套的生活设施方面的专用性资产投资。因为从一定程度上讲，资源型城市的基础设施投资不能转为他用，它们都属于专用性物质资产。

同时，为了避免资源枯竭，政府还建立了自然资源型产业预警系统，公布公司计划，给其他公司、地方政府、从业人员留出足够的时间来逐步有序地关闭工厂或放弃一个矿区。例如，采取紧急经济援助、再培训、工作分享及搬迁等措施，帮助从业人员渡过最初的难关，直到找到新的工作。再培训可以提高从业人员的技能并寻求新的就业机会，工作分享可以降低不稳定性，减少社会不稳定因素，搬迁至其他繁荣地区也是一种选择。

三 法国自然资源型产业转型

法国洛林地区是重要的工业基地，依靠纺织业、采矿业和冶金业兴起并成为法国重要的经济支柱。但是 20 世纪 60 年代以后，受能源革命的冲击，法国洛林工业基地开始趋于衰退，法国政府不得不对洛林地区进行改造。在前文中已经提到过，第二次世界大战之后新材料的涌现替代了传统原材料，技术装备水平的提高降低了生产成本，致使洛林地区规模大、服务单一的传统产业竞争力降低，逐渐不适应市场经济的发展趋势。于是，从 20 世纪 60 年代开始，法国洛林地区也进入了痛苦而漫长的产业转型时期。

法国振兴老工业区采取的主要措施是实行"再工业化"，包括收缩煤、钢铁的生产规模，大规模更新设备，淘汰旧工艺、采用新技术，实现生产现代化及建立多样化经济等活动，除加强一般制造业外，还积极发展电子、飞机、化工等新兴工业，发展第三产业，逐步改变单一的传统经济格局。这些措施，给衰落的老工业区注入了新的活力，从而使其由衰退走向复兴。此外，为了解决地区间的不平衡及由此带来的种种问题，法国政府在"地区整治"方面采取了"工业分散政策"。政府运用它掌握的"四大基金"，即经济社会发展基金、全国土地整治和城市建设基金、地区整治建设基金和地方分散援助基金，为落后地区提供巨额投资，直接影响投资的地区分配；向往落后地区迁厂及在落后地区建厂的业主提供优厚的"地区开发津贴"及各种优惠政策；对拆迁厂还提供64％的拆迁补贴；对到落后地区安家落户的青年给予安家补贴，等等。改造措施具体如下。

1. 发展新兴产业，并依靠高新技术改造传统产业。

洛林地区的转型是以发展高新技术、新兴产业为目标的升级过程。洛林地区积极适应国际市场的需求，发展新兴产业，在传统的能源工业由煤炭转向发展核电工业，洛林地区核电已经占当地电力消耗的 80％。雷诺公司、奔驰公司都在洛林设厂，汽车制造业已经成为目前洛林地区的支柱产业，占到了当地国民生产总值的 30%。除此之外，计算机、激光、电子、生物制药等新技术产业的产值已经占到了国民经济的 15%。为了更好地发展高新技术产业，洛林地区建立了许多高新技术园区，如南锡和梅斯高新技术园区，用于吸引国内外投资者在园区内进行高兴技术产业投资，以推动和促进整个地区的高新技术产业的发展，并有效地支持现有产业部门及企业的高新技术改造。

洛林地区不仅重点发展新产业，而且运用高新技术加快对传统产业的改造。这主要体现在对原有的钢铁、机械、化工等行业进行技术改造，促使其实现自动化，提高产品附加值。如钢铁公司发展市场短缺的汽车板材、镀锌板等，满足汽车工业发展的需求；电厂采用硫装置，既可利用洗煤剩下的煤泥发电，又不产生污染（辽宁工业转型研究课题组，1998）。洛林政府还主动放弃发展没有竞争力优势的产业。例如，洛林地区虽然煤铁丰富，但是由于煤铁的价格均高于世界平均价格，洛林钢铁价格比进口产品高 457 法郎，所以洛林政府果断地减少煤炭、冶金行业的从业人员，将资源从传统行业中及时转移出来，逐步关闭洛林地区的全部炼铁、炼钢、采煤企业。经过一系列努力，洛林地区汽车、电子等新兴行业已经取代了传统的煤炭和采矿工业，就业人数占该地区总人口的比重由 1960 年的不到 5% 上升到 20% 以上，洛林地区已经从一个以煤炭、钢铁产业为主的老工业基地转型为以高新技术产业、复合技术产业为主的新兴工业区。

2. 建立了一整套财政补贴和奖励制度，较好地解决了老工业基地调整改造的资金问题

首先，增加政府拨款和补贴。政府通过的"第九计划"，将工业结构改革和现代化、发展科技、就业和培训列为政府年度财政支出的重点，另外，在政府用于国土整治项目的预算支出中，优先保证冶金和煤炭等老工业基地的需要（隋忠诚，2006）。中央政府还决定，将全国大型工程投资额的 1/3 优先拨给洛林和诺尔-加莱地区。同时，法国政府运用它所掌握的"四大基金"，为落后地区提供巨额的直接投资；1966～1981 年，国家为冶金部门提供了大约 600 亿法郎的营业补贴，1981～1983 年又提供了 170 亿法郎；对往落后地区迁厂、在落后地区建厂的企业主，提供优厚的"地区开发津贴"，降低土地能源收费；政府对安置煤矿富余人员的企业实行税收优惠，对聘用失业矿工的公司每吸纳 1 人资助最多可达 3 万法郎；向转产新办企业和培训中心提供资助；对拆迁的工厂提供拆迁补贴；对到落后地区安家落户的青年给予安家补贴，把集中分布在大城市和发达地区的产业、人口吸引到需要调整和改造的地区。政府还设立了工业企业下放奖金、第三产业地方奖金、科研活动奖金等。洛林、诺尔-加莱地区和中南矿区享有"优先"地位，奖金发放额最高。据统计，1982 年，奖金发放额总计达 7.8 亿法郎，其中洛林地区获得近 1.5 亿法郎。

其次，实行灵活的税收政策。政府决定削减工业企业行业税 10％。为吸引企业主到改革区，特别是到老工业区进行新投资，政府决定，在改革区范围内，对从 1983 年起新建的公司和企业，在 3 年内免征地方税、公司税和所得税，期满后，仍可享有 50％的减税优待。对在洛林、诺尔-加莱重点改革区投资设厂或创办企业，并能创造新的就业机会的投资者，在 3 年内除免征上述税收外，还免征劳工税及其他各种社会杂税和分摊，从而使这两个地区成了"无税特区"。

再次，为企业家自筹资金提供税收方便。为支持企业家筹集资金，进行新的投资，银行特开立"企业储蓄卡"，储蓄期至少 3 年，对存款人免征利息税，期满后还可获得银行的一笔低息贷款。对用贷款进行投资取得的利润部分进行税收减免。例如，对用于接收或改造旧厂的贷款，其利润税将减半征收。

最后，建立"工业现代化基金"。为推动企业技术改造和实现"现代化开发计划"，特建立"工业现代化基金"专门为技术改造的企业发放优惠贷款，以满足其资金需要。贷款发放方式有两种：一种是直接发放给企业，利率为 9.75％（通常利率为 16.18％）；另一种是间接提供，即先按 9.75％的利率发放给有关的信贷公司，再由信贷公司贷给有关企业，一般利率为 13％～14％。贷款对象主要是中小企业，也有少数大型国有企业。这些基金除部分由政府拨款外，大部分来自银行汇集的民间资本。

3. 扩大开放吸引外资，使工业转型与国际接轨

洛林地区工业转型的成功，还得益于扩大对外开放，大量吸引外商投资办企业，创造了更多的就业岗位。为吸引外资，他们制定了一系列的优惠政策：在洛林地区建厂，土地的价格比较便宜，只相当于德国平均价格的 1/5～1/6，地方政府按 50％给予资助；厂房建设可得到 20％的资助，对在以前的矿区建厂的，国家还以更多的资助作为鼓励；在设备方面，可得到 15％的资助；投资额为 4000 万法郎，新创 400 个就业岗位为特大项目，可得到 25％的资助。如德国的奔驰公司投资 28 亿法郎，创造了 2000 个就业岗位，得到的资助大约为 7000 万法郎。在人员培训方面，政府帮助新建企业按岗位要求进行劳动力培训，规定每雇佣一个本地劳动力可得到 3 万法郎的资助。此外，他们还通过在国外设立代办处，对一些大的国际公司进行调查，分析他们在本地落户的可能性，如果发现哪个国际公司要在本地投资，就邀请其到本地参观，介绍自己的优势与优惠条件。由于有了这些优惠条件与良好的服务，洛林地区在利用外资方面取得了突破性进展。许多外国企业非常愿意到洛林来建厂。目前到法国投资的外商 50％都集中在洛林地区。到 1997 年，已有来自 18 个国家的 350 个公司在洛林地区落户，创造了 47 615 个就业岗位，占洛林工业就业岗位的 20％，对吸纳洛林地区的失业人员起了很大的作用。到 2000 年年底，外国公司共在洛林地区建立了 412 个企业，吸纳劳动力 65 311 人。扩大开放不仅为洛林创造了新的就

业岗位，还使产业发展走向国际化（齐建珍和白翎，2003）。

4. 建立企业园圃，鼓励发展中小企业

洛林地区的工业转型更多的是注重发展中小企业。这些中小企业在转型中对吸纳失业人员起到了积极的作用。培育中小企业的基地是企业园圃。企业园圃的功能就是帮助新企业克服创业时期的各种困难，并促进其更快更好地发展。企业园圃的主要工作是帮助新公司制定起步规划，帮助新公司正式成立，并在初期为之提供各种服务。新创立的公司可以利用园圃里现成的厂房、车间、办公室等服务性设施实习两年。企业园圃设有专家团，并为在这里创办企业配有专家顾问，随时帮助企业解决发展过程中出现的问题。待企业主积累了一定的办厂经验后，再出去发展。法国通过建立企业园圃培育和发展了大量的中小企业，在工业转型中起了重要的作用。

5. 积极提供培训，解决劳动力再就业问题

在洛林地区需要转型的都是传统工业，这些行业的工人从事简单劳动的比较多，掌握的技能比较单一，不适应工业转型和发展新兴产业的需要。针对这种情况，他们创造了对转业者进行技能培训的有效方式。根据再就业和产业发展的需要，组建了若干不同类型、不同专业、不同所有制、不同层次的培训中心。培训中心根据被培训者的文化、技术基础、将要从事的工作和国家将要发展的新产业，有针对性地进行分门别类的培训。培训时间一般为 2 年，特殊岗位 3~5 年，培训期间被培训者的培训费由国家支付，工资由企业支付。经过培训后，培训中心至少为每个工人提供 2 种职业选择，只要是自己同意，所有的人都可以找到工作。但如果不同意，就会被解雇。据调查，经过培训后再就业职工的重新失业率只有 7%，为使培训和就业有机结合，还建立了许多工业发展公司，通过发展新企业来创造新的就业岗位。工业发展公司的主要任务是帮助新公司制订计划，研究其可行性、帮助新公司寻找新的厂址，帮助其贷款，促使其在洛林安家落户。只要在本地办公司，还可得到 3 万~5 万法郎的资助，以及减免所得税的优惠。正是由于洛林地区采取了培训与就业相结合这种积极而有效的方式，尽管洛林地区的失业人员多，再就业压力大，但在转型过程中其失业率却一直低于全国平均水平，而在转型初期这一指标是高于全国平均水平的。资料显示，洛林矿区现有职工数占原有职工数的比重为 25%，钢铁工业现有职工数占原有职工数的比重只有 11%。也就是说 75% 的钢铁工人和 89% 的煤矿工人已经转业。法国培训专业工人的做法被认为是一种成功的经验在欧洲得到推广。洛林地区由于工业转型导致人员就业压力增大，成为一种沉重的社会包袱。但是通过培训与就业的有机结合，包袱变为财富，压力变为动力，工人的转业过程变成了提高素质、增加技能的过程，变成了为新产业的发展奠定基础的过程（辽宁工业转型研究课题组，1998）。

6. 政府的倾斜政策

政府的倾斜政策主要体现在政府为产业转型提供巨额资金援助和贷款。法国政府于 1967 年 7 月 28 日组建了既不是银行又不是信贷机构的"支持矿区再产业化金融公司"，作为国家支持转型地区的渠道。在创建后的头 15 年中，该公司资本从 1000 万法郎增加到了 1.2 亿法郎，为 230 个企业提供了 2.8 亿法郎的贷款，并因此创造了上万个就业岗位。而且，"矿区产业化基金会"和"北加莱海峡金融公司"等金融公司也以贷款形式积极向北加来海峡地区和法国煤炭公司投资，支持企业到矿区落户，参与矿区开发（陈支农，2004）。

法国洛林模式特别强调政府在产业改造过程中所起的作用，政府在资金方面所给予的巨大支持是洛林地区得以实现产业结构转型的重要因素。但是，洛林模式完全放弃了资源型城市原有的优势产业，从而使资源型工业基地承担了巨大的沉淀成本，这对于资本稀缺的发展中国家来说往往是难以接受的。

四 德国自然资源型产业转型

关于德国鲁尔区，前文已经做过简单介绍。鲁尔区的经济大发展源于第一次工业革命时期棉纺织业、冶金业、交通运输业的发展所带来的对能源的巨大需求；第二次世界大战之后，世界各国的经济恢复，又面临能源短缺的问题，因而德国鲁尔区以此为契机获得了更大的发展，并且更加繁荣，成为德国重要的工业基地。据统计，鲁尔区的经济总量在最高峰时曾占全德 GDP 的 1/3，煤炭产量始终占全德的 80% 以上，钢铁产量占 70% 以上，为德国的战后经济恢复和高速增长做出了巨大贡献。鲁尔区出现经济危机是在 20 世纪 50 年代中期以后，随着廉价石油、天然气的大量被发现，世界进入能源替换和产业结构向高级化转移的科技革命时代。美、英、法、日等国的重化学工业区普遍出现严重的衰退迹象，以煤、钢为支柱的鲁尔区经济也开始走下坡路，先后出现了煤、钢危机。在新一轮产业革命的影响下，以单一的重化学工业为主的经济模式受到挑战，产业结构的低级弊端越来越明显。鲁尔工业区出现了主导产业衰落、失业上升、人口外流加剧、环境污染日益严重等问题，开始面临经济调整和转型的关键抉择。从 20 世纪 60 年代开始，联邦德国开始对鲁尔工业区进行改造。下面对德国鲁尔模式的具体措施予以介绍。

1. 设立专门机构负责制定经济结构调整政策、规划、项目审批和财政资助等事宜

联邦和北威州（北莱茵-威斯特法伦州的简称）政府对鲁尔区老工业基地改造与经济结构转变一直都给予高度重视。为资助老工业基地改造，联邦政府经济部下专门设立了联邦地区发展规划委员会和执行委员会，负责项目审批和财

政资助等事宜。鉴于鲁尔工业区的特殊经济形势，鲁尔区经济结构调整一直是北威州政府工作的重要内容之一。州政府主抓结构调整工作的部门是州经济部，负责制定具体的经济结构调整政策和规划。鲁尔区政府也设立了地区发展委员会，对在鲁尔区开展商务活动提供资讯和帮助。鲁尔区政府还设立了地区会议制度。这一机构由地方的政府机构、工会、政党和各种协会组成，它的主要职能是根据市场状况和基层信息来调整政府的行动，讨论当地的发展潜力，以及有关劳动力就业市场、基础设施、环保、能源、技术发展等问题，制定发展战略和目标，确定具体的措施和提出具体的项目（赵涛，2000）。

2. 全面制定地区发展、综合整治与振兴规划

全面规划是鲁尔区经济结构转变的保证，为此，北威州政府自 20 世纪 60 年代起陆续出台了对改善地区经济产生深远影响的"鲁尔发展规划"、"北莱茵-威斯特法伦规划"和"鲁尔行动计划"等。这些规划，全面考虑了改善一个地区经济结构的广泛措施，如改善交通网络；大力发展教育事业；改善地区文化和娱乐设施；加强环境保护和改善城市环境；促进科学研究与开发，以及科技成果转化；削减煤炭和钢铁工业的生产能力，使生产能力与市场相适应等。

为实现多目标的区域综合整治与振兴，"鲁尔区城乡协会"（KVP）于 1989 年制定了一个为期 10 年的"国际建筑展计划"（简称 IBA）。该计划面向北部鲁尔地区面积为 800 平方公里，有 17 座城市，工业景观最密集、环境污染最严重、衰退程度最高的埃姆舍尔地区，因此又被称为"德国的埃姆舍尔公园模式"。它是一个大型区域性综合整治与复兴计划，对鲁尔区工业结构转型、旧工业建筑和废弃地的改造与重新利用、当地的自然和生态环境的恢复，以及就业和住房等社会经济问题的解决等，给予了系统的考虑和规划。特别是该计划以项目分解和国际竞赛相结合的方式，为工业遗产旅游开发提供了创意源泉（白福臣，2006）。

3. 德国政府在产业结构调整中实施积极的财政补贴和扶植政策

为了缩小地区差距，促进地区平衡发展，德国政府加强了对老工业基地的资金投入力度。德国的区域经济政策主要由联邦和州共同制定与完成，政策的主要内容集中体现在三个方面：①国家对在贫困地区的投资给予一次性的投资补助；②对生产性的基础设施进行补助投资；③对高技术的职位予以补贴。在具体措施上，由联邦和州共同组成一个计划委员会，每 4 年制订一项常规计划，这一计划对区域经济促进只做原则性规定，区域经济政策的具体内容主要由州来执行，联邦只起协调作用，在经济上给予资助（宋冬林等，2001）。例如，鲁尔区的各县市凡失业率达 15% 以上、人均收入为西部人均收入 75% 以下的地区都可申请联邦政府的资助。资助采取项目招标的办法，由地方提出申请资助的项目，联邦地区发展规划委员会和执行委员会会同北威州政府审批。凡得到批

准的一般性项目，可获得占投资额 28% 的资金。对于可促进当地基础设施建设的环保和废厂房利用等项目，可得到占投资额 80% 的资金。资助金由联邦政府和州政府各承担一半。在 1966~1977 年的 10 年中，政府拨款 150 亿马克资助煤矿进行集中改造，并制定相应的政策保护煤炭工业。把采煤集中到机械化程度高、赢利多的大矿井，关闭不赢利的小企业，对整个鲁尔煤田进行重新规划，统一安排生产，并且实行了全盘机械化。现在煤炭生产就集中在 8 个大煤矿。钢铁工业也在同期进行了设备更新和技术制造，关闭和合并老厂，扩建新厂，进行企业内外调整，加强企业内部和企业之间的联系与协作，同时对钢铁工业的布局作了合理调整。对于工业区最严重的环境污染问题，州政府投资 50 亿马克，成立环境保护机构，统一规划治理。对新兴工业企业的建立和迁入实施鼓励和优惠政策。

德国政府对产业结构调整做出的资助并不是盲目的，他们不断根据情况调整资助补贴的对象，使资助资金用到了刀刃上。德国联邦政府曾经一度对煤炭、钢铁、造船部门等老工业基地的主要产业进行补助，期望通过补助使这些老的传统产业重新产生竞争力，但是补助并没有带来积极的效果，在进行高投入、高资助以后，鲁尔区仍在进一步衰落。因此，联邦政府调整了对老工业基地的资助办法，减少了对煤炭、钢铁、造船等部门的资助，只资助其环保、废厂房利用等项目，把更多的资金用于投资生产新产品，扶持当地的新兴产业、服务业和中小企业的发展，以创造新的就业岗位。同时，资助再就业培训，使富余的劳动力实现再就业。

4. 大力发展科教事业及职业教育事业，促进人力资源的开发，积极解决失业问题

从 1961 年起在波鸿、多特蒙德、埃森等地陆续建起大学，大量培养适合产业现代化需要的高级人才。鲁尔区重视高技术的市场化，这里所有的大学和研究所都有"技术转化中心"，以帮助企业把技术转化成生产力。鲁尔区的各种技术园内已有 600 多家公司和机构，提供了近万个就业岗位（宋梅和刘海滨，2006）。另外，德国政府大力发展职业教育和在职培训。通过在职培训使工人的专业经验和知识在老企业中得到应用，提高了企业的劳动生产率。为了解决因为产业结构转型而导致的失业问题，北威州政府专门制定了政策，并设立了相关机构。那些从传统行业下岗的工人，在经过了一定的技术培训之后就可以继续从事要求更高的采煤或炼钢工作，有的还可以到别的领域寻找就业机会。由于采取了积极妥当的措施，鲁尔区在转型过程中避免了因失业问题导致的社会不稳定，但是在很长一段时间内解决失业问题仍然是鲁尔区的重要任务。

5. 改造传统产业，积极发展新兴产业

由于煤炭、钢铁行业的衰退是造成鲁尔区经济出现危机的主要因素，所以

对煤炭、钢铁行业的改造不可避免。政府一方面拨巨资帮助效益好的煤钢企业进行集中化和合理化改革，实现生产机械化；另一方面，关闭效益差、规模小的工厂。为了重新增强烟煤和焦煤的竞争力，鲁尔区开发研制并在竖井设备中采用了最新现代矿山开采技术，又研发并使用了先进的制煤气试验设备，使鲁尔区煤炭转换工艺上了一个新台阶，并且这种煤炭转换技术的采用成为改善东鲁尔区经济结构的重要手段之一。为了扭转钢铁工业不景气的局面，鲁尔区钢铁企业调整了产品结构，采用新的技术，引进了投资达 3500 亿马克的德国最先进的连续退火炉，极大地提高了鲁尔区钢铁产品的竞争力。在发展新兴产业方面，联邦政府积极改善投资环境，根据区内劳动力充足、交通便利、市场潜力大、消费集中、大企业总部集中的特点，采取措施吸引配套的优良中小企业。为了促进中小企业的发展，政府在鲁尔区建立技术研究中心、科研成果转化服务机构和科学技术革新信息中心，帮助中小企业拟订技术革新计划，优先向其转让技术等，以促进中小型企业的技术革新。政府还对创建中小型企业特别是新技术企业采取鼓励政策，如提供财政补贴和咨询等。为了优化投资结构，州政策规定，凡是从事信息技术等新兴产业的企业在当地落户，将给予大型企业投资者 28％、小型投资者 18％的经济补贴。这些措施极大地刺激了鲁尔区内新兴产业的发展。

6. 加快环境的治理，控制污染

政府在鲁尔河上建了 100 多个澄清池净化污水，废弃煤矿山培土植树铺草，将塌陷矿井辟成湖泊疗养地。区内平均每个居民有 130 平方米绿地。各工厂都建立了粉尘有害气体等回收处理装置，排放不达标不准生产。全区有公园 3000 多个，各城市间都有林带隔开，矿区已是绿色田园，取代了黑烟尘蔽天盖地的景象。现在的鲁尔区已成为景色优美的绿色工业区。对环境的治理产生了外部经济效应，降低了企业生产成本，促进了老工业基地的振兴。

总体来看，德国鲁尔模式在最大程度上解决了资源型工业基地转型过程中不可避免的沉淀成本问题。一方面，它整合区域内原有的资源型企业，将运营成本高昂的中小企业进行整合，最终将为数众多的中小企业纳入到具有较高生产效率的几家大型企业中，在利用中小企业专有机械设备的同时实现了重化产业的规模运营，降低了运营成本；同时，对于无法化解的沉淀成本，德国人选择了由政府支付的方式进行冲销，并用政府投入的资金进行产业的升级，为资源型工业基地创造了新的经济增长点。另外，德国鲁尔模式下的人力资源开发模式也是鲁尔地区经济振兴的重要保障。

综上所述，国外资源型城市的经济转型同样也面临困境，其中，物质资产和人力资产专用性对产业转型有极强的影响。从经济理论上说，如果资产具有完全通用性，那么可以重新得到配置而不会产生任何资产损失。然而，一旦出现了无形和有形物质资产与人力资产专用性，在重新配置过程中很容易发生资产损失，那么必然会制约资源型城市的经济转型的主观选择，从而限制了资源型城市经济转型的路径。

第三节　国外自然资源型产业转型经验与启示

工业化过程使主要资本主义国家的经济步入了快速发展的轨道，而在这个过程中，经济增长的动力源也逐渐发生着变化，由工业革命初期传统的水力、风力，而变成了热力。蒸汽机的发明和推广，使得整个工业世界的动力数倍地增加，它结束了人类对自然力——水力和风力——的依赖，在很大程度上解决了工业布局受自然地理条件限制的问题，使工业生产能够在原材料产地或销售地附近进行，大大降低了生产成本。

随着蒸汽机的使用与普及，人类对煤炭资源的需求急剧增加，这使得开发产煤区成为工业发展的必要条件。进而人口开始在富含煤炭资源的区域周围集聚，形成矿山开采及相关服务行业，随着开采规模的逐渐扩大便形成了以采煤为基础产业的最初的资源型城市。此后，随着人类对能源资源的逐步认识，又相继出现了以石油和天然气等能源为开采对象的新的资源型城市。在资源型城市形成的过程中，一些以这些资源为主要原材料的工业部门出于成本原因逐渐向这些区域聚集，最终形成了以资源开采为基础、重化工业为主要经济增长点的工业基地，如德国鲁尔地区、法国洛林地区、英国的威尔士地区等。

20世纪50年代，英国、德国、美国等发达国家的老工业基地相继出现发展迟滞、增长乏力等严重衰退问题，主要表现是资源枯竭、成本急剧上升、工业生产萎缩、环境污染严重和失业人口膨胀。这样，主要依托生产要素禀赋优势发展起来的资源密集型、劳动密集型甚至部分资本密集型产业便日益衰退，老工业基地的衰退是市场规律作用的客观结果。国外的一些著名老工业基地衰退主要有以下原因。

━ 资源枯竭地区主导产业衰退

主导产业是一个国家或地区在经济起飞或产业转换时期对经济发展和产业转换起主要带动作用的产业或产业群。主导产业代表着整个社会产业结构演进的基本方向和趋势。美国经济学家罗斯托是最早使用主导产业这个概念的学者，他在《经济增长的阶段》一书中提出了经济"起飞"理论。他认为，不论在任何时期，甚至在一个已经成熟并继续成长的经济中，前进的冲击力之所以能够保持，是因为为数有限的主导部门迅速扩大，这些部门的扩大又对其他产业部门的发展产生了重要作用。对于主导产业，罗斯托认为：①依靠科学进步，获得新的生产函数；②形成持续高速增长率；③具有较强的扩散效应，对其他产业乃至新兴产业的增长起着决定性的作用。

主导产业不是固定不变的，它也有更替性，一旦发展条件发生变化，原有的主导产业就会衰退，主导产业的牵动作用就会弱化，造成经济发展的减速。对于基于原主导产业而建立起来的工业基地或者工业区，如果不进行及时的主导产业的升级换代就会随之衰落下去。例如，德国的鲁尔区，20世纪50年代以后，石油和天然气的大规模开采和应用使煤炭工业出现了全球不景气，导致该地区大量矿井关闭、矿工减员和煤产量的大幅下降。1958～1971年，鲁尔区开工矿井由140口降至55口，职工人数从48.9万人减少到19.7万人，煤产量由1.22亿吨降至0.91亿吨。英国是近代钢铁工业的发源地，不少钢铁生产技术和设备都是在英国发明的，如炼焦炉、热风炉、平炉和转炉等，钢铁产量在世界上也长期占有很大比重。然而到20世纪40年代末，英国钢铁产量从占世界总量的1/2强降到仅占世界总量的8%。国内钢铁消费量从1970年的2452万吨下降到1981年的1474万吨，锐降了40%。而且自英国加入欧洲共同体后，钢铁贸易受到影响，从1974年起，英国已经由一个传统的钢铁净出口国变为净进口国（中国科学院地理研究所，1989）。英国的谢菲尔德市曾是全球驰名的钢铁工业中心，由于主导产业钢铁业的衰退，大量工厂关闭、工人失业，走向萧条。美国的匹兹堡由于主导产业钢铁业的衰退，1978～1987年制造业失业人数累计达10万人以上，全市有1/4的家庭收入明显下降，市财政和教育部门的投入都下降了一半。

二 资源枯竭地区工业基地区域优势丧失

工业基地的区域优势就是指工业区内存在的有利于产业发展与布局的区域有利因素。区域优势理论认为，每个地区（或国家）都具有生产某一特定产品的绝对有利或相对有利的条件，即区域生产优势。在国际贸易理论中，亚当·斯密和大卫·李嘉图分别提出了绝对优势（absolute advantage）和比较优势（comparative advantage）的概念。绝对优势理论认为，各国的贸易之所以发生，其基础在于各国生产成本上存在绝对差异，比较优势理论认为，绝对国际贸易的因素是两个国家商品的相对劳动成本，而不是生产这些商品所需要的绝对劳动成本。从这些国际贸易理论中我们也可以知道，每一个工业基地无非也是生产其有绝对优势或比较优势的产品，其基础就是它资源禀赋的丰富性和劳动力及地理位置的优势①。

工业基地的区域优势是其形成和赖以生存的客观基础，任何类型的工业基地都是在某种特定的地区优势基础上形成、发展起来的，有的依靠矿产资源，有的依靠廉价劳动力，有的依靠资金，有的依靠知识技术。区域优势的强弱制约着区域工业生产要素的聚集程度及工业基地的发展规模。区域优势还直接决定了工业基地的劳动生产率、生产成本、产品市场价格及产品市场竞争能力，进而决定了工业生产的生产利润及经济效益，是工业基地赖以生存发展的支撑系统。如果每个地区（或国家）根据自身优势发展特定产品的生产，可降低生产成本，提高劳动生产率，使地区资源、劳动力和资本得到最有效的利用（王辛枫等，1999）。

区域优势是一个动态的系统，它的转变也必然导致工业基地结构与功能的变化。工业基地如果不能随着区域优势的转化而及时调整则必然导致衰退。"区域优势的变化主要表现在两个方面：一方面是老工业基地市场要素的变化。当老工业基地的资源利用及传统产业发展到了一定规模，资源储量日趋枯竭，包括原料运费在内的营运成本超过一定极限，必然会使区域优势丧失，出现老工业基地规模和速度的衰退。另一方面，老工业基地的发展会导致企业布局过于密集，从而出现人口过剩、失业率升高和污染严重等一系列问题。使老工业基地投资环境恶化，吸引力下降，资金和人才外流，必然导致老工业基地的衰退。"（李诚固，1996）。过去原联邦德国东南和西南地区经济落后，工业不发达，70年代以来，联邦德国各州利用自身的优势，大量吸引投资和人才，电子技术为重点发展各种新兴工业部门。1976年，南部的巴登-符腾堡州、巴伐利亚州和黑森州的社会总产值占全国的38％，到1982年已上升到42.7％，出现了所谓"南起北落"的增长格局。在这种增长格局中，由于伴随着南部新兴工业崛起的是大量资本的转移，鲁尔区内工业投资锐减。

三 资源枯竭地区产业结构不合理

老工业基地产业结构的主要问题是产业结构单一。自18世纪产业革命兴起、工业基地蓬勃发展以来，世界上著名的老工业基地都只是采掘工业及原材料工业等传统产业的聚集区，其他产业发展平平，工业区的产业结构缺乏弹性，因而比较脆弱。当主导产业部门受到市场冲击时，基地很快陷入整体困境。例如，20世纪50～70年代联邦德国工业基地生产高度集中于煤炭工业和钢铁等原

---

① 不管怎样，比较优势定律是萨伊定律在国际贸易领域的一种延伸，隐含的假设前提是充分就业和没有沉淀成本，任何资源可以充分流动，足以达到充分就业。

材料工业，煤炭的销售危机和钢铁制品市场竞争能力的下降，使鲁尔工业区迅速陷入困境。

产业结构的过度单一化产生的产业结构缺乏弹性又导致了产业结构在演变时候的困难。一个地区的工业变化过程实际上是该地区主导产业部门不断更替及工业结构不断演进的过程。主导产业部门的演变应该是从以资源、劳动密集型产业为主到以技术、资金密集型产业为主，到以高新技术产业为主的变化过程。我们通过各种产业结构理论，无论是赤松要的早期"雁行形态理论"还是罗斯托的经济增长阶段论，都可以认识到，任何产业部门都会经历形成、发展、成熟和衰退的变化过程。

西方老工业基地的产业结构强烈依赖于煤炭、铁矿等传统资源，属于一种低层次的初级结构，在经历了煤钢经济的繁荣之后就会面临市场饱和、资源匮乏、技术增长缓慢等问题的困扰，传统主导产业——煤炭、钢铁产业因此由成熟走向衰退。然而，在传统产业出现衰退的同时，工业基地内并没有萌发出更替性的电子、计算机、生物工程、航空航天等技术密集型工业部门以接替衰退的主导产业，产业结构演变的链条出现了断裂，使得老工业基地的经济活力丧失，发展缓慢。

四 资源枯竭地区新能源与资源的竞争和生产技术变革

20 世纪 50 年代以后，世界能源结构中天然气和石油的比重不断上升，由于天然气和石油等替代性能源的使用，煤炭在能源和原材料消费中所占的比重却逐渐降低。例如，在原联邦德国，煤炭在一次性能源消耗中的比重从 1950 年的 88％逐渐降到 1972 年的 32.3％，化学工业原料也由以煤炭为主转向以石油和天然气为主。煤炭生产出现市场销售危机，导致煤炭工业的严重萧条。煤炭工业又是西方老工业基地的主导产业部门，煤炭工业的萎缩必然导致以煤炭为主导产业的老工业基地的经济的衰退。

技术水平和生产工艺落后（李俊江和史本叶，2006）。第二次世界大战后，新技术、新工艺的不断出现，改变了资源配置中生产要素的组合比例，推动产品的生产成本不断下降，进而改变了原有的市场供给曲线和需求曲线的均衡状态与各产业的分布格局。如在化工技术中，石油精炼技术和高分子化学合成技术的进步，使能源工业和化学工业发生了巨大变化，增加了对石油的需求量，振兴了传统石化工业。这样，技术进步缓慢或技术利用率低的一些行业就慢慢衰退。另外，老工业基地外部经济环境的日渐恶化也加大了企业生产的成本。人口过剩、失业率高、环境恶化是西方老工业基地改造前存在的普遍问题。不良的经济环境使老工业基地投资吸引力下降，资金、人才外流，这必然导致老工业基地的衰退。

国外自然资源型产业的转型与发展的经验值得辽宁省借鉴。欧美等发达国家对自然资源的开发及工业化进程均较早，自然资源型产业的转型工作从20世纪60年代就已开始，而且许多自然资源型产业于90年代初就已完成了经济的调整，积累了丰富的经验。虽然国内外的自然资源型产业在规模和发展水平等多方面存在着许多差异，但从理论上讲，世界各国自然资源型产业在资源枯竭时面临的困境都具有许多相似之处，因此，在产业转型方面具有一定的参考和借鉴意义。

自然资源型产业转型问题是世界性的，各国都经历过或正在进行中，因国情、地区的不同会有所差别，不过也有共同点：

第一，自然资源型产业转型要以国际市场为导向，优化资源配置。一是要放弃那些成本高、在市场上没有竞争力的产业和产品；二是要关闭那些品位低、开采成本高的采矿、炼铁、炼钢企业，重点发展钢材深加工；三是要根据国际市场的需求发展新产业，如发展计算机、激光、电子、生物制药等高新技术产业。经济转型不是从一种单一的产业结构过渡到另一种单一的产业结构，而是由从前单一的产业结构过渡到多种产业结构并举的产业体系，类似于多元化产业，预防不确定性。

第二，自然资源型产业转型要与提高人力资本含量结合起来，促进再就业。资源枯竭地区大都产业结构单一，因而从事资源产业工作的职工从事的是简单劳动，掌握的技能比较单一，无法适应其他技能的需要，不适应经济转型产业的需要。针对这种情况，各国纷纷把经济转型与职工技能转型结合起来，创造对职工进行技能培训的新方式，提升人力资本含量，从而需要政府出资，加速劳动力流动。

第三，自然资源型产业转型离不开政府的支持。由于产业转型是一个复杂的工程，仅靠一个地区的力量是不可能的。所以，政府的支持，包括组织、计划、政策和资金支持都是非常重要的。重组的资金投入是保证经济转型成功的一个重要因素。这可以让我们明白，为什么有些地区经济转型成功，而有些地区经济转型却失败了。

第四，自然资源型产业转型要培育中小企业创业精神。在产业转型过程中，不仅需要发展大企业，而且中小企业也是非常关键的。培育中小企业就是建立企业或工业园区，从降低交易成本、界定产权方面下工夫，从而降低中小企业创业成本。尤其是企业的发展往往在初期遇到的困难大，创建良好的环境，有助于帮助新企业解决开创初期遇到的各种困难；使工业园区与高校、科研机构结合，随时帮助解决企业发展过程中出现的问题。这些条件都能有力地促进中小企业的发展，同时活跃地区经济，缓解由于经济转型下岗职工增加而带来的就业压力。

这些国外产业转型经验对我国自然资源型产业转型来说意义非常重大。尤其是我国是一个发展中国家，受资源禀赋影响，煤炭在能源生产和消费中长期占有十分重要的地位。在一些煤炭资源禀赋条件比较优越的地区，已经出现了比较典型的资源型经济现象，使我国部分矿区具有一些自身的特点。

首先，煤炭产业职工从事的是简单劳动，文化素质较低，大多只能从事比较简单的井下采煤作业，在煤炭资源枯竭或实现经济转型过程中，难以顺利实现转岗再就业，失业问题十分严重，再就业压力大。

其次，生产要素在产业间和区域间流动性较差。尤其是老矿区，现代产权制度尚未真正建立，市场经济体制还有许多不完善之处，生产要素大量集中在自然资源型产业或地区，难以按照边际收益和边际成本变化进行自由流动，沉淀成本十分显著，产业转型难度较大。

最后，人口压力大，无法采用弃城策略。庞大的人口规模，以及生产消费区的形成，使得无法采取澳大利亚、加拿大的弃采-弃城模式，只能采取可持续开发模式，实行工业化与城市化互动发展机制，把就业、人口城镇化与资源开发、产业结构调整有机结合起来。

因此，一是要避免失败的产业转型，尤其是消除寻租空间，避免低效率的产业政策，从而使产业转型政策科学、民主和透明。二是要适时选择产业转型时机。由于在不确定性条件下，我们需要选择产业转型成本最小的时候进行转型，发展是硬道理。有充足的财政收入，才能很顺利地进行产业转型。三是要重视中小企业发展，再造地区经济优势。必须要发展中小企业，形成某一方面的产业集群，形成某一领域的产业网络，通过网络价值替代价值链，才能达到替代自然资源型产业的目的。四是职工转岗培训，这是再就业的基础。完全靠政府来决定产业转型，靠国家投资来实现产业转型是不可能的，也是不现实的。所以，我们只能借鉴国外经验，国家通过制定产业政策，通过制度引导，改善制度实施的环境，帮助引导自然资源型产业转型，才能从根本上解决资源枯竭地区经济转型的诸多问题，使其顺利走上可持续发展道路。

第六章

促进自然资源型产业可持续发展的制度安排

内生制度变迁理论认为，经济发展是一种自我深化的锁定过程。因此，经济发展模式选择是内生的，它无法超越制度可行性边界。自然资源型产业发展一般要经历开发阶段、成长阶段、成熟阶段和衰退阶段或转型阶段的周期发展。要实现可持续发展，必须在衰退阶段到来之前让替代工业和第一产业、第三产业发展壮大起来，在进入衰退阶段时它们才能替代原资源型主体产业，成为新的主体产业，实现产业转型，进而实现可持续发展目标。自然资源型产业转型和可持续发展，本质上是一个制度设计问题。尽管从自然资源、物质资源、科学技术等角度可以看到经济增长的源泉，究其本质，它们是增长本身，而制度是非常重要的，也是今后自然资源型产业发展，乃至经济发展方式转变的根本约束条件。只有从市场、企业和政府层面加以严格限制，自然资源型产业才能最终走上繁荣之路；否则，包括"资源诅咒"、"资源陷阱"等问题仍然会频繁出现。这本质上是制度诅咒，往往具有不可持续发展特征，将使发展长期陷入低效率之中不能自拔。

由上述分析可知，如果资源或生产要素市场完全，不会带来任何沉淀成本，那么资源可以依据价格信号自发调节资源配置。然而，由于要素市场不完全，很容易出现沉淀成本，资源最优配置受阻，影响经济效率和福利水平。

如前所述，在自然资源型产业转型过程中，沉淀成本普遍存在，特别是在计划经济体制向市场经济体制转型时期更为显著，从而使经济转型成本十分明显。首先，大中型国有企业生产要素具有专用性，往往专用于重工业优先发展战略，很难适应其他生产需要，因而转为他用，其再生产的机会成本近于零。其次，在体制转型时期，生产要素市场、资本市场和产权市场极为不完全，当事人之间的契约还没有真正确立起来，信息不对称和交易成本突出，资产交易十分困难，沉淀成本十分显著。全部签约过程包括不确定性环境中达成原初协议之前在实现协议的过程中所进行的高成本活动和之后所继续进行的协调活动。就企图建立契约关系的个人而言，这些成本是选择特定契约的障碍。再次，信息不对称是契约不完全的源泉。我们用有限理性假设替代公共选择理论中的完全信息和效用最大化假设。信息搜集成本很高，而且人类信息处理能力有限，因而个人必须做出选择，常常以有关所有备选方案及其可能性的不完全信息为基础。正是由于不完全信息和不完全的信息处理能力，所有个人都可能在选择用以实现一系列目标的策略方案时出错。同时，个人有从事机会主义行为的激励。说一套做一套的个人机会主义进一步加剧既定决策环境下的不确定性问题，而且在某种环境下可能发生的机会主义行为的水平受该环境中用于规范关系的标准和制度的影响。由于决策者缺乏时空信息或信息不足，我们需要注意信息不对称问题。国有企业内部因信息不对称而产生委托-代理问题，导致资本利用率下降，无形中会加快固定资产贬值的速度，也会产生大量的无形沉淀成本等。最后，社会保障体系不完善，不仅非人力资产流动受到限制，而且人力资产流动同样受到限制。国有企业职工如果下岗不仅会失去工资，而且会失去福利和保障，造成国有企业职工难以自由流动。

市场经济国家的产业结构特点是易出难进，进入壁垒高，退出障碍低，这是一种较好的产业结构。而我国的产业结构则是易进难出，无疑是一种较差的产业结构。一旦自然资源型产业亏损，生产要素专用性和要素市场不完全等因素的存在会导致显著的沉淀成本。由于这些沉淀成本的存在，加上代理人的机会主义行为，最终国有企业不会轻易退出市场，反而会造成自然资源型产业刚性（industrial rigidity）。

从资源型产业实际来看，其资源优势是劳动丰裕，资本短缺，结果是工资价格低，资本价格高，其产业结构如果依靠市场调节必然是劳动密集型产业如轻工业多、资本密集型产业如重工业少的格局。为了实现赶超战略，人为压抑资本价格，结果是大力发展重工业，忽视了轻工业发展，如图 6-1 所示。

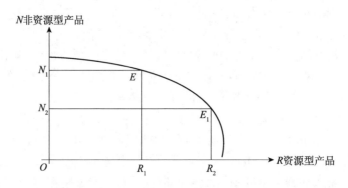

图 6-1　沉淀成本与自然资源型产业转型

在图 6-1 中，横轴表示资源型产品的数量 R，纵轴表示非资源型产品的数量 N。在资源可以充分流动情况下，市场价格机制可以引导资源最优配置。我们假设，资源型产业要素禀赋结构使最优组合点在 E 点，此时资源型产品数量为 R_1，非资源型产品数量为 N_1（非资源型产品数量大于资源型产品数量）。但是为了实现重工业优先发展的赶超战略，政府人为的最优组合在 E_1 点，此时资源型产品数量为 R_2，非资源型产品数量为 N_2（非资源型产品数量小于资源型产品数量)。从 E 点向 E_1 点转移的过程是由传统的计划体制实现的,而不是通过市场价格机制实现的,即通过人为压低要素价格和产品价格实现的。生产资源型产品的国有企业缺乏比较优势和竞争力,所以很容易亏损。因此,需要将亏损产业的生产要素转移到有利可图的产业上去,即从 E_1 点再移回 E 点,从而矫正扭曲的产业结构调整,以便符合资源型地区当前的要素禀赋结构。

当没有生产要素沉淀成本时,资源型产品的生产要素具有通用性,生产要素完全可以通过其价格来生产非资源型产品,使缺乏比较优势的产业自动向有比较优势的产业转移用途,即减少资源型产品的数量,如 R_2R_1,此时节省下来的生产要素完全可以用来增加生产非资源型产品,如 N_2N_1,使产品组合点仍然停留在生产可能性曲线上,不会带来任何生产要素的浪费。

然而,当有生产要素沉淀成本时,资源型产品的生产要素有专用性,生产要素不可能用来生产非资源型产品,缺乏比较优势的产业无法向有比较优势的产业转移用途,即减少资源型产品的数量,如 R_2R_1,此时节省下来的生产要素不可能完全用来生产非资源型产品,如 N_2N_1,最优组合点停留在生产可能性曲线内部,这样会带来生产要素的浪费。因此,为了避免生产要素浪费或出现沉淀成本,资源型产业或企业会进一步增加投资,从而带来投资过度,造成"大而全"、"小而全"的局面,进一步固化原有的产业结构,尤其是在由不可逆的过去向着不可预测的未来的历史进程中,导致调整问题更加突出。

从经济理论上来看,现有经济理论研究往往假设没有信息成本和交易成本,看不到制度变迁的渐进性,仅仅强调经济个体的成本-收益分析,看不到因交易成本带来的社会外部性问题,从而无法回答为什么有的地区或国家自然资源型产业转型较好,而有的国家或地区产业转型不好这一基本命题。矛盾无处不在,理性的个人追求自身利益的强大冲动力,既是经济衰退的主要原因,也是经济增长和繁荣的主要源泉。无论这种结果是好是坏,均依赖于人为的社会制度结构,这种制度结构指限制人类行为并将他们的努力导入特定渠道的正式和非正式的规则(法律和各种规范)及其实施效果。这样一来,科斯、威廉姆森、诺思等新制度经济学家认为,帕累托最优只是新古典经济学所有可能中的一种,如同凯恩斯评价古典宏观经济学那样,充分就业均衡仅仅是许多均衡中的一种。因此,我们研究低碳经济,需要由新古典经济学零交易成本的世界走进新制度经济学正交易成本的世界里,用交易成本方法研究制度激励与低碳经济之间的关系,从而为保证自然资源型产业可持续发展提供一种独特的经济方法。之所以如此,是因为没有理论,实践将是杂乱无章的;没有实践,理论将是模棱两可的;没有方法,理论与实践的联系将是牵强的、虚伪的、独断的。正因为如此,科斯开创的交易成本经济学,仍然是研究制度和组织的有力分析方法。通过对交易成本的考察他首先提出制度理论,并指出交易成本(包括协调成本、测量成本和执行成本）是昂贵的，所以，新古典经济学预测的帕累托最优可能无法实现。同样的道理，自然资源型产业可持续发展对我国来说既是机遇又是挑战，但从长远来看，就是要通过正确的制度改革激励结构，创建一个低交易成本的环境。

第一节　沉淀成本①对自然资源型产业可持续发展的意义

既然新古典经济学突出市场价格对价值补偿的重要性，那么如果价值补偿失灵，必然是市场失灵或者市场不完全的结果，从而很容易造成实物补偿失灵。因此说，在市场机制不完善的条件下，货币价值补偿不仅难以实现。而且更为重要的是，还会阻碍实物补偿的实现。但是，从整个社会角度考虑投入要素，会发现价值补偿与实物补偿统一是实现简单再生产，乃至扩大再生产的必要条件。

根据马克思的再生产理论，补偿是社会再生产过程中客观存在的经济范畴，是经济持续运行的重要环节。实现补偿，标志着旧的生产过程的终结，新的生产过程的开始。马克思认为，社会再生产过程的耗费，不仅需要得到价值补偿，以保证社会产品价值以合理的比例关系组成，而且需要得到使用价值的补偿，即以各种各样的物质形态进行补偿。补偿是制约生产、分配、消费和交换整个再生产过程的重要因素。它是保证简单再生产顺利实现必不可少的条件。马克思曾经说过："这个旧价值是作为产品价值的组成部分再现出来的，而不是在这个商品的生产过程中产生的。它之所以作为商品价值的组成部分存在，只是因为它以前已经作为预付资本的组成部分了。因此，所耗费的不变资本，是用它本身加到商品价值上的那部分商品价值来补偿的。"人类生产活动一旦开始，补偿也就随之产生，但新古典经济理论难以解释资源枯竭和生态环境污染问题，就连经济学的效益指标 GDP 等有关指标，也无法衡量生产过程中所付出的包括环境效益的活劳动和物化劳动耗竭问题。产生上述问题的原因固然很多，但其症结所在还是在社会再生产过程中把资源、生态、环境等因素排斥在价值运动之外，没有建立和形成适应经济、社会和环境协调发展的价值运动体系。因此，需要根据马克思再生产原理，吸收生态经济学、资源经济学和环境经济学的成果，从价值补偿和实物补偿角度探讨可持续发展问题，这远远超出比较静态的交易成本方法，从而使补偿本身

---

① 概括来说，资源型产业转型成本是指从某一经济形态转型开始替代原有经济形态所发生的成本，不仅包括直接的转型成本，还包括各类信息、缔约成本等。本书认为，转型成本也是一种沉淀成本，尽量将这些转型成本归结到沉淀成本上，可为我们的研究提供统一的一种理论分析方法。

成为一个社会动态的调整过程。

马克思主义经济学在强调价值补偿的同时，更加关注实物补偿的重要性，这是马克思主义经济学独特的地方，也是分析科学发展观的独到之处。马克思把投资成本与生产过程结合起来，按照资本价值转移方式将生产资本划分为固定资本和流动资本，并且指出，流动资本一次性将其价值转移到产品价值中去，而固定资本逐渐转移到产品价值中去。正是由于固定资本的有形损耗和无形损耗自身无法得到直接补偿，马克思更多地关注社会产品价值实现问题。因价值补偿本身受阻，也就难以进行简单再生产。换言之，即使价值补偿得到实现，由于实物补偿没有得到补偿，简单再生产也无法进行，社会再生产过程也会中断。

马克思十分关注固定资产的价值损耗，它是由两方面原因引起的：一是固定资产的有形损耗；二是固定资产的无形损耗。马克思指出："机器的有形损耗有两种。一种是由于使用，就像铸币由于流通而损耗一样；另一种是由于不使用，就像剑入鞘不用而生锈一样。在后一种情况下，机器的损耗是由于自然作用。前一种损耗或多或少地同机器的使用成正比，后一种损耗在一定程度上同机器的使用成反比。固定资产无论使用还是不使用，都会发生有形损耗。固定资产因使用而发生的有形损耗是大量的、主要的，这种损耗的程度主要取决于其工作负荷强度和固定资产本身的质量。"马克思还指出："机器除了有形损耗以外，还有所谓的无形损耗。只要同样结构的机器能够更便宜地再生产出来或者出现更好的机器同原有的机器相竞争，原有机器的交换价值就会受到损失。这两种情况下，即使原有机器还十分年轻和富有生命力，它的价值也不再由实际物化在其中的劳动时间来决定，而是由它本身的再生产或更好的机器再生产的必要劳动时间来决定。因此，它或多或少地贬值了。"

实际上，马克思对固定资产的价值补偿与实物补偿的强调，完全可以应用到其他投入要素上去。换言之，我们可以将马克思主义经济学对固定资产的分析一般化到其他投入要素的分析中，从而看到价值和实物双重补偿的重要性。正是考虑到实物补偿，使马克思主义经济学超越了新古典范式——价值补偿，即使实现了价值补偿，也会因实物补偿受阻，严重影响简单再生产过程。既然价值补偿和实物补偿是简单再生产的必要条件，忽略了任何一方面补偿都无法使简单再生产持续下去，因此，马克思十分强调生产耗费补偿的重要性。生产耗费的补偿是企业、社会维持简单再生产的起码条件和扩大再生产的必要条件。

资产折旧是理解固定资本生产耗费补偿的关键。资产折旧是一个连续过程，随时随地都以不同的速度发生。马克思指出："这种生产资料把多少价值转给或转移到它帮助形成的产品中去，要根据平均计算来决定，即根据它执行职能的平均持续时间，从生产资料进入生产过程时起，到它完全损耗不能使用，而必须用同一种新的物品来替换或再生产为止。"

不管怎样，由马克思再生产理论可知，只要是社会生产，就存在着物质与价值双重补偿关系。马克思把社会生产划分为简单再生产和扩大再生产两种形式。在整个社会再生产过程中，一种是补偿，更换从过去一直到现在已经积累起来的劳动资料，在实物形态上实现其原有规模的再生产；另一种是积累，在实物形态上增加现有的劳动资料规模。马克思指出："年劳动产品的价值，并不就是这一年新加劳动的产品。它还要补偿已经物化在生产资料中的过去劳动的价值。因而，总产品中和过去劳动的价值相等的那一部分，并不是当年劳动产品的一部分，而是过去劳动的再生产。"因此说，在全部年产品的价值中，一部分是属于过去劳动的价值，另一部分是属于新增加劳动的价值。在过去劳动的价值中，又可以分为两部分，一部分体现在已消耗掉的原料、燃料、辅助材料等劳动对象上，另一部分则体现在已损耗的机器、设备、厂房、建筑物等劳动资料上。为了使简单再生产的正常地维持下去，其中的重要条件之一是，耗费多少劳动资料就要补偿多少劳动资料，只有根据生产过程中的各种损耗与消耗，及时地、足量地进行补偿，才能保证简单再生产的顺利进行，为扩大再生产奠定基础。

合理补偿投资成本是研究社会再生产过程的核心内容。从微观经济补偿角度看，企业的生产耗费，再生产中的各种耗费，包括固定资产的损耗，摊入的原材料、辅助材料等，必须如实计入产品成本中，使其价值在产品成本和产品价格中得到正确反映。而且还必须通过市场交换，产品价值才能得到社会承认，生产过程中的各项耗费全部回流，有的必须一次得到补偿，有的可以多次、分阶段地得到补偿。从宏观经济补偿角度看，社会再生产的价值构成形式及其运动，主要是固定资产和流动资产及其剩余价值。作为固定资产的价值运动，特别是按照厂房、机器、设备的有形损耗和无形损耗，采用提取折旧的形式来补偿已经消耗掉的劳动资料价值。如果忽视这部分补偿，就达不到利用它来扩大再生产的目的，甚至还会影响简单再生产的进行。作为流动资产，它是由不同价值构成的，其中主要是原材料（包括可再生和不可再生自然资源环境等）、辅助材料和摊入劳动力中的价值部分。通过再生产的运动，产品中包括原材料、辅助材料转移的机制，也包括劳动者新创造的价值。在生产连续进行的条件下，流动资产的价值必须重新转换为原材料、辅助材料和劳动力，这便构成流动资产的转移和补偿。固定资产和流动资产价值运动的方式及其内容联系到一起，构成社会总资本的再生产运动。社会总产品的各个组成部分，在价值上补偿，在实物上如何更换，直接关系到社会生产的按比例发展，这就是宏观经济补偿，它是简单再生产的实现条件和扩大再生产的平衡内容。它直接反映国民经济各个部门之间的相互需求、相互供给、互为条件、互为制约的关系。

通过上面的微观经济模型扩展可知，沉淀成本对自然资源型产业转型有不利的影响，会严重影响自然资源型产业的可持续发展。我们知道，在信息完全或无交易成本的情况下，不会发生任何沉淀成本，自然资源型产业转型没有任何障碍。但这只是理想状态，由于资产专用性和交易成本的普遍存在性，沉淀成本也普遍存在。此时，投资成本受产业结构、市场供求等影响，很难瞬时发生调整，从而严重阻碍自然资源型产业的顺利转型。只有解决了沉淀成本，才能创造出自由进入和退出的市场环境，从而不仅有助于现有企业或产业退出市场或产业，还有助于发展接续产业，确立自然资源型产业新的经济增长点。

为此，我们用一个简单的经济模型来探讨各类沉淀成本对自然资源型产业转型的影响，如图 6-2 所示。

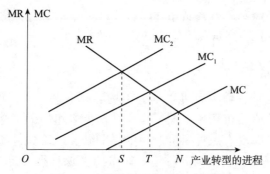

图 6-2　自然资源型产业转型分析

在考虑经济性沉淀成本的条件下，新古典经济转型仅仅根据边际收益（MR）和边际成本（MC）大小进行，最优数量为 ON。如果考虑体制性沉淀成本及由此产生的交易成本，就会提高边际成本，此时 MR 和边际成本 MC_1 相交，最优数量变为 OT。如果再考虑生态性沉淀成本非中性，就会进一步提高边际成本，此时 MR 和边际成本 MC_2 相交，经济转型数量为 OS。与新古典完全理性经济转型 ON 相比，因考虑沉淀成本，此时 SN 作为滞后效应而出现，滞留在计划经济体制中。

由于资源型产业大多是资本密集型的，因物质资本、人力资本和自然资源等专用性带来沉淀成本，此时亏损的自然资源型产业与企业无法顺利转产和流动。可见沉淀成本严重阻碍资源型产业重、轻工业经济转型过程。因此，应该根据资源型产业的经济现实采取有效的制度安排降低或者补偿沉淀成本数量，尤其是通过微观经济分析，将交易成本、沉淀成本、信息和风险等因素纳入统一分析中来，才能加速资源型产业经济转型的进程。

第二节 加快完善资源市场价格机制

价格是市场经济机制发挥作用的基础，只有通过市场价格机制实现技术创新，才能加快自然资源型产业转型。在自然资源的开采和使用过程中应当始终贯彻"代际公平、合理补偿"的原则。所谓"代际公平、合理补偿"原则是指，假定当前决策的后果影响后几代人的利益，那么应该在有关的各代人之间，通过支付补偿费用的形式进行公平的分配。其实质，一是环境资源总价值在当代人和后代人之间保持不变；二是储备价值在当代人和后代人之间保持不变。因此，我们不仅要考虑当代人的利益，而且必须兼顾后代人的需求，使后代人不至于丧失与当代人平等的发展机会。由于大多数自然资源具有稀缺性和不可再生性，因此，在资源的开采和使用过程中，必须在资源市场交易价格的基础上加付一定额度的自然资源补偿费用，以对传给下一代的资源数量和质量加以补偿和保证。重构我国自然资源价格形成机制的思路如下。

（一）定价主体的转换

自然资源的定价主体大致可以分为市场和政府两类。以市场为定价主体，是指自然资源的价格由市场供求关系来决定，价格随供求的变化自由浮动；以政府为定价主体，即政府是资源价格的主要操纵者，负责制定各类资源的价格并实施价格监管。在市场经济条件下，让市场供求自行决定自然资源的价格，可以促进资源利用效率的提高。但只有市场机制还远远不够，市场价格不能反映资源的使用者成本和外部成本。因此，为了实现自然资源开采、使用的代际公平和合理补偿，必须调整市场价格以反映社会成本，兼顾公平，这需要政府加以干预。合理的资源定价主体应当是市场与政府相结合，以市场形成价格为基础，辅之以必要的政府干预。在保证自然资源效用最大化目标实现的同时，也要坚持资源的可持续采用和社会的可持续发展。

（二）建立自然资源有偿开采制度，完善自然资源价格管理机构建设

石油、煤炭、天然气和各种有色金属等自然资源都是不可再生的，将会面临枯竭的威胁。在我国，各类自然资源都属于国家所有，因此，自然资源的开采者必须向资源所有者——国家缴纳一定的"资源开采税"或"资源开采补偿费"。国家可以向开采企业收取资源开采税或资源开采补偿费，可以将这部分税收或费用收入汇集形成"国家资源开发与补偿基金"，主要用来研究开发新的可替代能源和治理环境污染。

（三）资源价格形成过程与产权制度改革

大部分自然资源的价格可以通过资源市场的交易加以确定。但是，市场上自发确定的自然资源价格只能反映资源的生产成本，而不能反映其补偿成本和外部成本，不能完全体现"代际公平、合理补偿"的资源价格形成原则。因此，政府资源监管部门必须在市场形成价格的基础上，适时、适度地对资源市场价格进行调整。合理的资源价格参考标准可用"边际机会成本法"加以确定。首先，企业等各类交易主体在资源市场上通过买卖形成市场交易价格；其次，市场价格通过各种途径传送到政府资源监管部门手中，资源监管部门根据边际机会成本法计算出资源合理使用价格，并将其与资源市场价格进行对照；最后，根据两者的差额，监管部门对资源市场价格进行一定幅度的调整，使之与资源的合理使用价格趋近。资源监管部门每日对外公布调整后的资源价格，作为对原有资源市场价格的修正和新的资源市场价格的参照。这样，资源价格就以市场价格为主轴，上下浮动。同时，对于市场价格低于政府指导价的差额部分，政府通过资源购买与使用企业征收"资源使用税"或"资源使用补偿费"的方式予以实现；对于市场价格高于政府指导价的差额部分，政府则可以向企业支付价格补贴，消除这部分价格差。这样，经过调整后的资源价格就能综合反映资源的直接生产成本、补偿成本和外部成本等社会成本。政府在调整资源的市场价格、形成合理的资源补偿价格时，必须始终坚持资源价格调整规则的平等性和连贯性，杜绝歧视性和随意性，防止监管无效局面的出现。

（四）期权价值与资源价格形成

在这里，我们将生态环境资源使用理解为一种投资行为，此时不可逆性（沉淀成本）、不确定性和可延期性等都会进入资源使用决策中来，这需要我们采用不确定性条件下的定价方法，即实物期权方法进行决策（Dixit and Pindyck，1994）。布伦南和施瓦茨（Brennan and Schwartz，1985）最早将实物期权用于自然资源估价上。在什么条件下，实物期权方法是有效的？一是投资决策必须是可延期的。如果投资不是可延期的，那么投资机会在后来就不是开放的，所以也就不存在延期投资的选择了。二是投资决策必须至少是部分沉淀的。如果投资没有沉淀成本，那么就没有选择价值了，这是因为企业无论是现在投资还是后来投资都不会有任何损失。三是必须有投资优越性的不确定性。严格来说，必须有投资劣势的可能性，企业才能更偏好撤销投资决策。在确定性条件下，投资的好处都可以完全预测到，不可能偏离计划的行动路线图；四是企业可以预期有关投资项目好处的未来新增信息。否则，企业会立即投资，不会等待潜在的信息收益。这是延期投资的期权选择的条件。只要满足以上四个条件，就可以考虑实物期权方法。

当我们考虑生态环境资源的沉淀成本时会发现，一旦有利可图，投资者并不立即使用资源，而是需要等待获得新的信息，这样会产生期权价值。这个期权价值作为机会成本也需要得到补偿，并被纳入生态环境资源价格体系中。因此，考虑期权价值就相当于生态环境资源的生产成本增多，使生态环境资源的供给曲线向上移动，此时，市场均衡价格上升，均衡数量减少。原来的不可逆生态环境资源的价格就会使生态环境资源补偿不足，造成资源短缺。如果需要解决这部分生态环境资源短缺，就需要将生态环境资源价格提高，将补偿期权价值反映在资源价格体系中，从而使生态环境资源市场再次均衡。如图 6-3 所示。

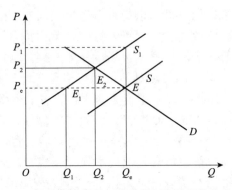

图 6-3　不确定完全条件下自然资源产品最优定价模型

因此，考虑期权价值就相当于自然资本投资的生产成本增多，使自然资源产品供给曲线向上移动到 S_1，此时，均衡价格和均衡数量分别为 P_1、Q_e。原来的自然资源产品价格就会使自然资本投资不足 Q_1Q_e。如果需要解决这部分自然资本投资不足，就需要将自然资源产品价格提高到 P_1，补偿相应的期权价值。否则，自然资本投资不足是理性选择的结果，恰恰是由于没有考虑不确定性条件下自然资本投资的期权价值。

由于自然资本投资具有显著的沉淀成本，一旦进行了自然资本投资，就执行了期权，期权价值就消失了，自然资源产品定价时需要考虑这部分机会成本的补偿问题，从而将要素市场和产品市场有机结合起来。这是因为，理性投资者在进行自然资本投资时，投资的贴现现金流必须大于初始投资成本与延期投资的机会成本（延期的期权价值）之和，需要在自然资源产品价格体系中充分体现出来，也就需要考虑非边际成本定价，这恰恰是市场竞争的直接表现。否则，因自然资源产品定价中不包含期权价值，自然资本投资就会不足。这说明，在确定性条件下，自然资本投资的产品最优选择在边际成本定价上。然而，在未来不确定性条件下，特别是考虑自然资本沉淀投资的期权价值时，自然资源产品定价必须大于边际成本，这本身就是一种理性选择的结果。如果不考虑这部分机会成本，将不确定性世界认定为确定性的世界，那么必然会导致自然资本投资不足，自主创新显著不足。

由此可见，由于生态环境资源具有显著的沉淀成本，一旦使用了生态环境资源，就执行了期权，这个期权价值就消失了，此时生态环境资源定价时需要考虑这部分机会成本（期权价值）的补偿问题，否则就会出现定价过低与资源短缺现象。这是因为，理性投资者在使用生态环境资源时，不仅投资的贴现现金流必须大于初始投资成本，而且还必须补偿放弃期权的机会成本（延期的期权价值），这些考虑需要在生态环境资源价格上体现出来，这恰恰是市场不确定性的直接表现。否则，因生态环境资源定价中不包含期权价值，实行确定条件下的市场化，不仅会造成生态环境资源补偿不足，而且会造成资源短缺，很容易造成灾难。这说明，在确定性条件下，生态环境资源价格的最优选择应该在边际成本定价上，不考虑沉淀成本对定价的影响。然而，在未来不确定性条件下，特别是考虑生态环境资源沉淀成本的期权价值时，沉淀成本与不确定性对生态环境资源的定价会产生十分重大的影响，生态环境资源价格必须大于边际成本，这本身就是一种理性选择的结果。如果不考虑这部分机会成本，将不确定性的世界误认为是确定性的世界，简单的供求市场化必然会导致生态环境资源补偿不足，资源过度使用，就会出现短缺现象。

总之，确立可持续的科学发展观，超越了新古典货币经济研究范式，把经济、社会、政治、资源、生态等各个因素纳入社会再生产运动过程中，强调价值与实物双重补偿统一，最终实现人口、经济、社会、环境的全面、协调、可持续发展。为了更好地解决资源型产业发展问题，需要考虑两个基本原则。一个是预防性原则（precautionary principle）。当人类活动可能导致在伦理道德上不可接受时，虽然在科学上可行，却是不确定性的损害，所以应该采取行动避免或减少这些损害。伦理道德上不可接受的损害是指那些损害人类和环境的损害，主要包括威胁人类生命和健康的损害，严重的、不可逆的损害；对当代人或后代人不平等对待，以及没有考虑受到影响的那些人的人权问题。其中可行性判断应该根植于科学分析，而不确定性原理可以应用到可能损害的因果或相互作用中，尤其是在损害发生之前尽力寻找避免或减少这些损害的方法，从而评价行动与不行动的伦理道德含义。这在经济学上，主要是依据不可逆性和不确定性相互作用进行的理性分析（Epstein，1980；Arrow and Fisher，1974；Gollier et al.，2000）。另一个是罗尔斯的正义原则（Rawlsian principle of justice）。所有社会价值———自由与机会、收入与财富以及自尊的基础———都应平等地分配，除非任何价值的不平等分配对每一个人都是有利的。这个一般的正义观可分解为两个层次，这就是罗尔斯的两个正义原则：第一，每一个人都有平等的权利去拥有可以与别人的类似自由权并存的最广泛的基本自由权；第二，对社会和经济不平等的安排应能使这种不平等不但可以合理地指望符合每一个人的利益；而且与向所有人开放的地位和职务联系在一起。第一个原则用于确定和保障公民的平等自由，第二个原则用于规定和建立社会及经济不平等。第一个原则包括公民的基本自由权等原则，与西方传统的价值观并无二致。争议最大的是第二个原则，第二个原则大致适用于收入和财富的分配，因为在社会上财富和收入的分配往往是不平等的，但这种不平等分配应对每一个人有利，于是人们使权力和地位向所有人开放来实行第二个原则。第二个原则之所以引起争议，是因为在私有制条件下，财富和收入的分配是绝对不平等的，其改良主义的理论出发点也就在这里。

第三节　加快推进自然资源型产业财政金融政策

如前所述，我们指出，资源型产业的先天禀赋造成各界政府均采用计划经济体制，将自然资源型产业作为对整体经济的支撑。所以，自然资源型产业组织结构主要是为了服从于国民经济的宏观整体构造，很少甚至几乎没有用"看不见的手"来让经济组织自主形成产业组织。并且，自然资源型产业组织结构的发展更多地受到政治任务、政治目标等非经济因素的影响，使得产业组织结构在其发展历程中受到更多的行政干预。由历史原因所造成的产业组织结构不合理是产生自然资源型产业结构矛盾的重要原因，阻碍了资源型城市经济的均衡发展和可持续发展。资源型城市优先发展基于自然资源的采掘和冶炼业，每年的固定资产投资中很大部分用于这些产业的设备更新和改造，而对与第二产业配套的相关产业投入不足，产业布局单一、不合理。传统的计划经济体制的弊端使隶属于各产业的各个企业之间的交易非货币化，由此形成的条块分割严重制约了产业组织结构的优化。这种非企业、非货币化及非市场化的特定制度和行为方式，内在地规定了产业组织发展的无序性和非规范性，也决定了产业组织的高投入、高消费、低效率的发展模式，久而久之形成路径依赖，极大程度地左右资源型城市的发展轨迹，影响了产业组织的规范性的有序演进，使资源型城市的经济无法实现可持续发展。

在自然资源型产业转型的过程中，市场机制在经济发展中将会发挥更大的作用。由于价值规律自发地起作用，资源按效率优先的原则自发地进行合理流动和配置。相应的产业组织也会发生变化，会形成生产集中化，即由于要素遵循效率优先的原则，原有的生产要素越来越集中于专业化大型企业集团。与此同时，新进入市场的生产要素同时向中、小型企业扩散生产趋向分散化。这两种趋势在市场机制作用下形成分工协作的大、中、小型企业组织并存。基本思路是：在每一个主导产业中选择若干个大型企业和企业集团，集中力量进行重点支持，使之尽快上规模、上水平，并以此为核心进行产业重组，使各地现有中小企业都能基本被纳入大企业或企业集团的体系之中，逐步形成合理的专业化分工与协作格局，而不要在全国再大量布设新厂。这样既可以使我国现有的大型企业和企业集团以比较快的速度形成具有国际竞争力的经济规模、参与国际竞争，也可以在一定程度上解决地区间低水平的重复建设和产业结构趋同问题，较为合理地配置资源，加快我国支柱产业的发展。

纵观产业组织结构成长的历史，可以发现产业组织的一般趋势：重工业部门以大型企业为主、轻工业以中、小企业为主。在重工业内部，采掘业和原材料业应以大型企业为主，制造业应以中、小企业为主；钢铁、有色金属、电力、石油、煤炭等应以大型企业为主，而一般机械制造和轻纺工业应以中、小企业为主。大、中、小企业在国民经济中都是不可或缺的，在市场竞争中它们的组织关系也在动态变化，不断演进。无论任何产业链都应既有少数大型企业集团为骨干和核心，又有众多中、小企业来配合，构成"以具有竞争优势的企业集团为核心，形成大、中、小企业共生的局面"的态势。

我们必须看到的是，大多资源型城市在长期的计划经济体制中，形成了以国有大企业为主、相关中小企业为辅的局面，从表面上看大多数资源型城市都符合这种发展模式。而且这种模式非常容易被具有另一种效用函数的理性人——政府争相采纳。因为这种模式既符合国有资产战略性重组，又容易培育具有政绩象征的大企业、大集团。如果各地均采用此种模式，必定会带来新一轮的以重复建设为特征的竞赛。为避免此种现象的发生，国家及各级地方政府必须从宏观经济布局的角度来看待此问题，以与各地区具体情况相结合的产业结构政策作为产业组织政策的实践方向，因地制宜地规划各地的产业组织结构。

绝大多数资源型城市的产业结构以第二产业为主体，通常占据60%，第一、第三产业发展严重滞后。部分城市第三产业比重高是由于其依赖的资源已经枯竭，城市主导产业缺失。第二产业主要是以资源开采和初加工为主，重工业比重普遍偏大；初级产品比重大，技术水平低，精深加工产品比重小。这造成利润微薄，外流严重，整体工业结构的应变能力差，产业转型基础薄弱。没有合理、多元化的产业结构，产业之间的互补互利、分散风险的结构效应就不可能存在，城市经济的发展也失去了稳固基础。因此，资源型城市接续产业的发展势在必行。但是如果各地区的政府不顾本地区的实际，盲目发展高新技术产业等接续产业，就会出现重复建设严重、资源浪费的现象，而且对整个地区的宏观经济布局也会产生不利的影响。所以，上级政府应当结合产业结构政策进行全盘考虑，力求各地区所发展的接续产业相互协调，统一规划，并且用产业结构政策来指导产业组织政策，结合各地区的优势产业和具体的地理环境优势，充分发挥本地区的独特优势，这样既避免了重复建设，又充分利用了有限的资源。

更为根本的是，支持自然资源型产业国有企业所有制改革。对一些确因资源衰竭具备破产条件的资源型企业，国家应该将其列入破产计划，依法实施政策性破产，尤其应该对计划经济时期和体制转型过程中形成的呆账、坏账，制定统一处置办法，确定期限和运作程序处置不良贷款，支持资源型企业剥离办社会的职能，将依附型事业单位交给国家，或者引入民间资本，减轻转型升级的负担。

因此，自然资源型产业转型必须有政府税收、财政和金融等政策的支持，其中财政政策是核心，这些政策是建立和完善自然资源补扩大资源税的征税范围。立足于资源型产业的可持续发展，制止企业对自然资源的破坏性开采，进一步扩大资源税征税的"广度"，真正体现资源税的"普遍征收"原则。改革后的资源税要尽可能覆盖所有需要保护的自然资源，全面保护自然资源，防止生态环境的继续恶化。除了矿产品外，要将包括水资源、森林资源、草原资源、沙漠资源等在内的必须进行保护性开发利用的自然资源纳入资源税调节范畴。现行的资源税只在资源的开采生产环节征收，其税收优惠政策也只能对资源开采企业发挥作用，可以考虑对资源回采率和选矿率达到一定标准的企业，给予一定的资源税税收减免，以激励资源开采企业自觉保护资源，提高资源开采效率，保护生态环境。因此，一要适当减轻或减免资源型城市产业的财政负担，加速折旧和实施税收优惠政策非常必要；二要加快完善社会保障体系，建立社会统筹和职工个人账户相结合的社会保障体系，为所有的职工构筑社会安全保障网；三要将财政政策扶持扩大到生态环境、基础设施改造等方面；四要注重财政资金的使用效率和监督机制，从而为发展非自然资源型产业创造良好的条件，有利于自然资源型产业加速转型，以便实现可持续发展。

金融是市场经济配置的主要形式，金融支持可以通过关键性资源配置引导产业结构发生转变。强调市场化原则，并不意味着没有必要研究和制定具体的金融支持政策，但这些政策不能直接干预甚至取代市场化金融的资源配置机制。自然资源型产业转型，本质上是对产业锁定的突破。产业锁定直接导致了金融锁定，即自然资源型产业的金融资源向主导产业高度集中，导致金融业与主导产业一荣俱荣、一损俱损，紧密关联。金融支持自然资源型产业转型必须突破因产业锁定而形成的金融锁定，实现金融优先转型。这就需要做出一定的反金融锁定安排，可以考虑根据原有主导产业的发展情况和新兴接续产业的发展目标，以城市为单位制定存量信贷资金投向调整和替代规划，用于指导当地银行机构制定相应的退出和进入计划。同时，建立促进增量信贷资金投向转移的激励机制，对增量资金用于支持接续产业发展的银行机构实行激励政策等。制定有利于自然资源型产业转型的财政税收、金融政策。

另外，法国对公司税、行业税、所得税、不动产转让税等政府税收作了不同程度的减免，旨在吸引外地企业开发老工业区，带动当地自然资源型产业规模的不断扩大。政府通常采用减免公司所得税、降低个人所得税税率、提高固定资产折旧率等措施，解决资源型城市调整经济结构、进行体制改革过程中出现的经常性资金问题。

由此可见，政府在支持自然资源型产业转型时要力求财政政策和税收政策相匹配。一方面，财政和国债资金要对与自然资源型产业相关的基础设施建设给予支持，优先用于交通、通信、城市基础设施建设等重大项目，对生态环境的保护也需要财政资金的投入；另一方面，由于自然资源型产业的转型需要企业、地方政府和中央政府共同作为资金来源，要适当加大中央财政向地方财政的转移支付力度，间接地支持自然资源型产业的转型。此外，要鼓励技术改造，延长产业链，增强企业自我发展转型的能力。总之，尽量通过加大财政政策的倾斜力度，加快产业转型升级，创造适宜舒适的投资环境。

第四节 加大自然资源型产业税收制度改革力度

一 完善资源税征收方式

（一）扩大资源税征收范围

当前越来越多的环境问题很容易造成外部性，因而需要建立资源补偿机制。对资源税的改革是建立补偿机制的一部分，也是解决外部性的一种有效途径。应扩大征收范围，对土地、海洋、森林、草原、滩涂、淡水和地热等自然资源开征资源税，深入推进"费改税"改革，将矿产资源管理费、林业补偿费、育林基金、林政保护费、电力基金、水资源费、渔业资源费等其他资源型收费纳入税源，用于自然资本折旧补偿。

（二）完善矿产资源的品位标准

矿产资源的品位不一样，其所出售的价值和所获得的利润也不一样，如果不对矿产品的品位做出严格准确的规定，则很容易造成矿产资源的人为浪费，即出现只采富矿、不采贫矿的现象。而且，制定完善的矿产资源品位的分类标准并以此作为矿产资源税收征收的依据，也有利于行业的公平竞争。

（三）减免资源税以加快产业转型升级

对产出已经开始下滑并谋求转型的企业，应适当降低税率或税额甚至是停征资源税，这不仅可以减轻一定的税收负担，而且企业可以预留一定资金用于转型升级，帮助其成功转型。对所需资源已经枯竭、濒临破产的企业，除采取资源税优惠之外，还应在其他方面给予税收优惠，例如，转产后在一定年限内减免所得税等。

二 调整增值税

在增值税制度中，加大对综合利用"三废"产生的产品适用低税率或给予免税优惠的力度。对于濒临破产的自然资源型产业的转型，应尽量取消资源型矿产企业的增值税。对于相应的增值税改革造成的地方财政收入减少，中央应适当增加一般转移支付，从而有利于自然资源型产业转型升级。

三 加快所得税、营业税改革

（1）应降低转型中的自然资源型产业的所得税税率，降低税率可以为自然资源型产业调整产品结构和技术结构提供一定的资金储备。在计税过程中应该允许提高固定资产折旧率，尤其是加速折旧率，这样可以促进技术升级和机械设备更新换代，以适应现代产业对高新技术发展的需要。

（2）对企业转型重组后成立的新兴产业，如技术服务和运输服务等企业，应该根据企业的环保性和科技性给予一定的税收政策优惠，如停征营业税以促进企业转型升级，减轻企业的税收负担，从而增加利润。

（3）为了让自然资源型产业在转型的过程中轻装上阵，建议适当减免在计划体制下形成的历史欠税。

第五节　积极培育企业家创新创业环境

创新[①]思想最早源于 1912 年出版的熊彼特的《经济发展理论》一书，该书列举了创新的五种具体形式：①引进一种新的产品——也就是消费者当前还不熟悉的产品——或者一种产品产生某种新的特性；②采用一种新的生产方法，也就是当前在有关制造部门还没有通过经验检验的方法，这种方法的建立绝不需要以科学上新的发现为基础，而且它还可以在商业上处理某种产品的新方式

---

① 创新和创业有所不同，前者着眼于 innovation，指可以新开辟的，后者着眼于 entrepreneurship，主要是指新办企业或自我雇佣。前者包含后者，它们的主体都是 entrepreneur，可以翻译成企业家或创业者。这个企业家只能存在于根本不确定性条件下，而不是简单地来自于书本知识，更多需要的是智慧，以应对在根本不确定性条件下的理性选择。

之中存在；③开辟一个新的市场，也就是所研究的国家的某一制造部门以前没有进入过的市场，而不管这个市场以前是否存在；④征服或者控制原材料或半制成品的某种新的供给来源，而不关心这种来源是已经存在的，还是第一次被创造出来的；⑤任何一种工业执行新的组织，比如，造成一种垄断地位（如通过托拉斯化），或者打破一种垄断地位（约瑟夫·阿洛伊斯·熊彼特，2009）。熊彼特认为创新是建立一种生产函数，也就是说，通过采用新的生产体系或新的结构或机制，把一种从来没有用过的生产要素组合在一起。在 1950 年的《资本主义、社会主义和民主》一书中，他生动地描绘了创造性破坏。他写道："开拓新市场，无论是国外还是国内，从工艺试点和工厂到美国钢铁公司等组织的发展表明了相同的工业突变的过程，如果我可以使用生物技术，那就是不断从内部革新经济结构，不断摧毁旧的，不断创造新的。这种创造性的破坏过程是资本主义制度的基本事实——然而，与教科书经济学所描绘的图像不同——获得完全知识和了解过去事件的概率分布，任何人都是均质的，没有差别，仅仅在认知能力方面有所不同，看不到真实经济中根本不确定性的存在。在资本主义社会现实中的竞争，并不是纯粹意义上的完全竞争，而是除了来自新的商品、新的技术、新的供给资源、新的组织类型（比方说是最大范围内的控制单位）的竞争，它的本质在于企业在成本或产量方面占据的决定性优势，由企业的基础和真实的生存状况决定，而不是它们的边际收益和边际产出决定。"虽然许多学术机构和学者对知识创新的定义争论不休，但是不论是技术创新、制度创新还是管理创新，它们都起源于知识创新。创新是企业的灵魂，所以企业家自主创新是加速自然资源型产业转型的关键所在，尤其是在根本不确定性条件下，关键性决策和企业家精神十分重要，远不是书本知识所能能涵盖得了的，更需要智慧。

一　培养企业家自主创新精神

培养企业家自主创新精神，首先要把企业家作为一种重要的生产要素和稀缺资源来对待，建立标准的企业家人才市场，形成企业家培养、选拔的人才基地。企业家人才市场的建设，需要建立一个科学、公正的企业家资格认证体系，制定一套完整有效的企业家能力评测标准，对企业家的创新能力、知识水平、思维能力、统筹决策能力、管理能力及组织协调能力等进行综合评定。

实际上，市场是检验企业家才能最好的试金石，企业家的聘用及考核应该符合市场化原则。首先，企业家的聘用和选拔应该本着公平、公正的原则，针对标准化市场上的企业家人才实行竞聘上岗。需要强调的是，除了综合能力以外，企业家的经营业绩也应该作为聘用选拔的重要标准。其次，企业家的绩效考核也必须科学、合理。企业家的经营成败关系到企业的生死存亡，必须通过科学合理的绩效考核，给予适当的奖励或惩罚。

二 建立合理的高管薪酬激励机制

薪酬激励，是对企业家最直接也是最有效的一种激励方式。企业家是一种高素质的稀缺性人才，他们所从事的经营活动具有高度的复杂性和风险性，其报酬自然也应该相对较高。但是，仅仅报酬高这一点是不够的，要使得薪酬机制取得最佳效果需要做到以下几点：一是年薪制。它是指通过契约化管理，以年度为单位确定企业经营者的基本收入，并根据企业当年的生产经营效益发放风险收入的工资制度。其实质是把企业家的工资收入与企业效益挂钩，落实经营责任，以绩效论功过。实行年薪制度，既可以通过基本收入保障企业家的基本生活，又可以通过风险收入的变动刺激企业家致力于企业发展。二是股权激励机制。它是一种长期激励机制，是薪酬激励的一种重要方式。它使企业家通过获得公司股权的形式，以股东的身份参与企业决策、分享利润、共担风险，这种激励机制使得企业家的收益与企业的发展息息相关，能够刺激企业家竭尽全力为公司服务，并注重实施长期发展战略，有利于企业的持续快速发展。

因此，要培育企业家自主创新创业精神，就必须降低自主创新壁垒，降低企业家自主创新成本。目前，我国政府人为地设置了许多壁垒，市场准入规则对企业的进入设有诸多限制，门槛过高，企业家自主创新成本太大。创办一个企业，不但需要高额的资本准备金，还必须通过烦琐的审批程序和经历漫长的等待，极大地抑制了企业家创办企业的热情。只有降低企业入门要求、简化申办程序、加快审批速度，才能有效地激发企业家的自主创新热情。

要培育企业家自主创新创业精神，还要依靠政府通过提供金融支持和政策优惠等给予大力支持。企业家自主创新需要大量的资金，目前众多的中小企业融资困难已经成为严重阻碍企业发展的重要因素。中小企业规模小、信息透明度差、信誉度差和抵押资金不足等因素，导致其融资渠道窄且贷款十分困难。面对这种情况，想要进行自主创新活动，就必须依靠政府通过投资银行提供贷款等，为中小企业开辟更多的融资渠道，建立创业板市场，为中小企业提供金融支持。另外，政府还可以通过降低贷款利率、实行减免税等优惠措施，鼓励企业家开展自主创新活动。

实践表明，自然资源型产业转型的难题之一，就是退出障碍很高，而退出障碍在经济上主要表现为沉淀成本过大。那么为什么会出现庞大的沉淀成本？既有技术问题，也有体制问题。但问题的性质是一样的，即有专用性投资过多问题。

　　所谓资产专用性，与资产通用性相对，是指当一项耐久性投资被用于支持某一特定产品和服务的资产属性。例如，矿井只能用来采煤，没有其他用途。如果这个矿井下的煤已经采尽或者因其他原因失去开采价值，那么这个矿井就会变得一文不值，不管为此矿井付出了多少成本，全部会变成沉淀成本。因此，资源开采企业的物质资本和人力资本都具有通用性和专用性问题。

　　从经济转型角度看，专用性资产越少越好，通用性资产越多越好，但这并不是随意决定的。虽然有些资产原来不具有专用性，但是随着时间的推移，原本不具有专用性的资产也具有专用性了。例如，在我国几乎所有的矿务局都有自己的采矿机械修造厂，且达到相当规模。奇怪的是，其服务面特别窄，只针对本矿，对其他顾客一概拒之门外。其结果是，当煤炭枯竭时，该厂也随之消亡，从而加剧了煤炭产业经济转型的困难。如果这个企业面向社会，又采用多元化经营，至少不会出现一损俱损的情况。这类问题多是由体制造成的，只有通过改革加以解决。

第六节　加强自然资源立法管制推进产业转型升级

　　近些年来自然资源产业出现比较严重的市场无序竞争状态，原因在于原有的行政手段不起作用，却没有及时制定自然资源或能源管制方面的法律法规，从而避免造成极大的负外部性。《国务院关于落实科学发展观加强环境保护的决定》明确提出："要完善生态环境补偿政策，尽快建立生态环境补偿机制。中央和地方财政转移支付应考虑生态环境补偿因素，国家和地方可分别开展生态补偿试点。"《国务院 2007 年工作要点》将"加快建立生态补偿机制"列为抓好节能减排工作的重要任务，除了推动技术进步，还需要设计制度处理信息不对称问题，避免出现各种逆向选择和道德风险问题。阿克洛夫（Akerlof，1970）把制度安排的缺乏看作是经济发展的主要约束，而制度安排能真正减少有关不同产品或人员过程的质量信息不对称，如果没有各种抵制性制度降低信息不对称的成本，那么许多生产活动将不会发生。资源开发补偿机制是指为了实现自然资源型产业的可持续发展，在资源开采的不同阶段（依资源开发程度可分为成长期、鼎盛期和衰退期），遵循价值规律，采取法律的、市场的和行政的综合措施，引导和规范各类市场主体合理开发资源，承担资源开发成本、生态环境保护与恢复的责任的政策生成、实施和监控体系。

● 一　建议修订《矿产资源法》

　　德姆塞茨（Demsetz，1967）指出，所谓的产权，意指使自己或他人受益或受损的权利。它是人们在稀缺资源条件下使用资源的规则，具有强制性和排他性，反映了人与人之间的相互被认可的行为关系。也就是说，产权与稀缺性联系起来，才能进一步了解产权概念。正是由于资源稀缺性，人们才展开了争夺这种稀缺性资源的竞争，由此产生了解决人们众多稀缺性资源的利益冲突的产权规则。因此，对自然资源的支配权、使用权、收益权等需要给予清晰界定。目前存在的问题是：

（1）对探矿权、采矿权流转的限制不当。探矿权，是指在依法取得的勘查许可范围内勘查矿产资源的权利。取得勘查许可的单位或者个人被称为探矿权人。采矿权，是指在依法取得的采矿许可的范围内，开采矿产资源和获得所开采的矿产品的权利。取得采矿许可的单位或者个人被称为采矿权人。流转即流通转让，包括出让和转让，其中，出让是指初次将探矿权或采矿权给予探矿权人或采矿权人。转让是将已经获得的探矿权或采矿权转给新的探矿权人或采矿权人。我国《矿产资源法》对探矿权、采矿权的流转限制较多，有些限制明显不当。

（2）对资源税、资源补偿费认识模糊。良好的资源补偿制度可使矿产资源得到合理开发与利用。目前我国对矿产资源既征收资源税，又征收资源补偿费，其法律依据是《矿产资源法》第5条："开采矿产资源，必须按照国家有关规定缴纳资源税和资源补偿费。"然而，这种制度有两个重要缺陷：一是征收的法理基础不够明确；二是征收的比率过低，不能向资源型企业提供正确的价格信号，从而不能使资源型企业做出正确及时的进入和退出决策，也造成资源产品的巨大浪费。

在多数市场经济发达的国家，基本不存在我国《矿产资源法》所规定的"资源税"这个税种。通行的惯例是征收权利金。权利金是采矿权人向矿产资源所有者支付的一种报酬，或者说矿产资源所有者通过让渡矿产开采权而应获得的收益。资源税的含义是截然不同的，它是国家的一种强制征收，与资源所有者的权利无关。从这个意义上说，征收资源税是缺乏法理基础的一种做法。另外，资源税高低与资源禀赋和开采条件成正比，这种"鞭打快牛"的做法与税收的一般性质和目的也存在矛盾，让人难以理解。

二　建议制定《矿地复垦法》

我国许多资源型企业在开采过程中不计环境成本，破坏了地区生态环境，产生了诸多的环境问题，普遍未能给予及时、有效的治理，给社会留下严重的后患。我们认为，要尽快制定《矿地复垦法》。

（一）矿地复垦的立法与现实

在矿地复垦方面，我国尚无统一的专门矿地复垦法律。有关矿地复垦的法律或规定散见于我国的《矿产资源法》、《环保法》和《土地复垦规定》，但这些法律和规定显然过于笼统，缺乏现实操作性。即使在比较贴近的《土地复垦规定》中，对复垦工作的要求也较低，仅要求"采取整治措施，使其恢复到可供利用状态"。这与发达国家对矿地复垦工作的严格要求相差甚远。另外，《土地复垦规定》法律层次较低，约束力有限，对造成十分严重的生态问题的事件作用相当有限。

首先，国内的矿地沉陷是非常普遍的现象。如黑龙江省鸡西市，采煤沉陷面积达 180 多平方公里。塌陷使地面的建筑及设施——民宅、城市道路、学校、医院、供排水和煤气管网系统、铁路等均遭到不同程度的破坏，严重的直接影响到居民的生命安全和企业的正常生产经营活动。

其次，采矿造成的水体污染十分严重。以河南平顶山地区为例，煤矿开采使当地河流污染严重，水质严重超标。

再次，矿区固体废弃物污染严重。以黑龙江省双鸭山市为例，煤矸石、粉煤灰、炉渣等废弃物堆放不仅占用了大量耕地，而且还释放出有毒气体、液体，煤矸石中的有害金属元素随淋溶水污染地表、地下水体和土壤，煤矸石中的放射性元素对动植物和人体产生危害。

最后，大气污染不容忽视。以山西省孝义市为例，采煤导致该市大气污染十分严重，其直接后果是该市呼吸道疾病尤其是尘肺和矽肺发病率升高。

（二）《矿地复垦法》的主要内容

结合我国的实际情况，借鉴美国《露天矿管理及复垦法》，我们建议制定专门的《矿地复垦法》，其主要内容如下：

（1）复垦计划融入采矿许可审批程序。要求采矿申请者在申请采矿许可证时提交复垦计划，对采矿前矿区的各种自然环境情况做详细的调查，如动物群、植物群、土壤、空气、水、景观、文化遗产等，并据此制订复垦计划。主管部门对复垦计划进行审查，登记在案，并将其与采矿权制度结合起来。

（2）制定详细的复垦标准。矿地复垦应有详细的可操作标准，比如，野生动物栖息地，植物覆盖，土壤成分，矿坑填充和修整，水文及河流保护，排水装置、排水沟和控制土壤侵蚀，道路、房屋、建筑物和设备，表层土修整，尾料和矿物废渣处理等各方面的执行标准。

（3）预先缴纳复垦保证金。矿地复垦保证金制度是矿地复垦的一项根本保证措施。采矿者在采矿前预先缴纳一笔资金，作为对勘探或采矿破坏土地进行复垦的财务保证。保证金在数额上要与矿地复垦所需费用相当，只有按规定完成复垦，才能足额返还。对保证金应进行定期审查，并根据情况变化加以调整。显然，这里设计的矿地复垦保证金与在国内部分省市收取的土地复垦费的含义有明显区别。

第七节　加快完善社会保障体系

垄断、交易成本、外部性和信息不完全等会造成市场失灵，所以需要政府进行必要的调控。尤其是在资源型地区，再就业压力大，冗员多，历史包袱沉重，迫切需要建立规范化、法制化的社会保障体制，以弥补劳动力自身经济转型储蓄资本和失业保险的不足，引导企业在生产过程中尽可能地降低负外部性。可按我国《宪法》规定，制定一个综合性的基本法，再依据基本法制定出相应的法律、法规，逐步完善社会保障方面的相关法律规定，其中可包括《社会保障法》、《社会保险法》、《社会救济法》等，并制定出专项法律法规和实施细则，以规范国家、单位和个人的社会保障行为，使各项社会保障事业的运行逐步迈向法制化、规范化的轨道。就煤矿而言，设立煤矿井下作业人员最低收入保障线。完善基本养老保险、基本医疗保险、失业保险、最低生活保障、井下作业人员伤亡保险制度，尽快形成独立于企业之外、资金来源多元化、保障制度规范化、管理服务社会化的高效运转的保障体系[①]。

（1）市场是不完全的，依靠政府是必要的。虽然企业是市场经济的主体，然而社会保障工作是当前地方政府保持社会稳定的最关键工作。

（2）地方政府财力不足，需要中央政府大力支持。必须建立衰退企业援助机制，中央政府要加大财政转移支付的力度。

（3）多渠道扩大社会保障基金。一是扩大社会保障覆盖面。依照社会保障大数法则的理论，扩大社会保障覆盖面，及时把外商投资企业、新兴产业、民营科技企业这些职工年龄较小、经济效益较好的企业全面纳入缴费范围，扩大费基。二是开辟新的筹资渠道。我国社保基金投资渠道狭窄，主要是选择银行存款和购买国债两种投资渠道，而社保基金刚刚进入资本市场，因而需要进一步拓宽融资渠道。例如，企业国有资产的存量和增量通过资本市场变现，社保基金持有竞争力强的境外国有上市公司的股份，将利息税、遗产和赠与税等收

---

① 事实上，合理的社会保障政策必须反映出人们对于财务规划的厌恶，否则，就会造成消费过度、储蓄严重不足现象。在这种情况下，社会保障作为一种强制性储蓄（forced saving），无法私有化，因为在根本不确定性条件下，完全依靠自己的储蓄计划，将会导致一场灾难，所以政府的储蓄政策，包括社会保障体系都是十分重要的，究其原因，并不是政府比个人更清楚、更聪明，而是因为政府的干预可以减少根本不确定性问题，从而使问题简化。

入的一定份额专项用于社会保险基金等。三是依托税务部门征缴，加强征缴管理。地税机关拥有一支经验丰富、人数充足、网点密布的征收队伍，可以达到降低征收成本、提高收缴率的目的，还可以为今后社会保障费向社会保障税的过渡打下良好基础。

（4）全面建设，突出重点。要全面建设包括社会保险、社会救济、社会福利、优抚安置和社会互助在内的社会保障体系，同时对于养老保险、最低生活保障、经济补偿金等对经济和社会影响重大、需迫切解决的问题应重点突破。

总之，根据自然资源型产业转型的实际需要，我们需要完善市场机制、深化国有企业改革和加强政府干预，以及自由签订契约等，应在实践中探索出一条适合自身特点、低成本、高效益的转型路子，少花钱、多办事，做到事半功倍，同时也要提供适当的资金支持，重点在于减少沉淀成本，促进资源型城市产业转型，避免升级悖论。

结论及展望

第七章

约翰·凯恩斯（2012）这样写道："古典学派的经济学家，恰似欧几里得几何学家生活在非欧几里得的世界里，当他们发现在日常生活中聆听看来是平行的直线会相交时，就要抱怨这两条线为什么直线不直走。在他们看来，直线直行乃是避免二线不幸发生碰撞的唯一办法。然而，事实上除了放弃平行公理，另创非欧几里得几何学外，别无他途。今日的经济学也需要类似的改造。"我们并没有否定新古典市场模型，只是清楚地界定了它的适用范围，并不能将其拓展到沉淀成本和不确定性明显的现实中来。在此基础上，我们基于沉淀成本范式，将产权、法律和融资等因素纳入传统产业转型升级研究中，通过充分利用理论逻辑推导和经验验证得出一般结论：一个有效的制度体系是非常重要的，这是因为企业希望获得长期融资，必须具有可信性承诺去控制公司内部人的机会主义行为；同时，一个有效的金融法律体系也是非常重要的，这是因为由发达市场体系和金融中介充当资本的直接来源，是确保投资者进入与退出有关企业活动活力的一种内在机制。

在真实生活中，对市场功能而言，市场制度的存在是关键性的。新古典经济学假定所有的制度建设问题都已经得到解决：产权明晰并得到执行，交换的中介自动存在，潜在的消费者和生产者能够毫不费力地相互辨识，贸易方可以在不完全竞争的背景下平稳地达成价格上的一致，而且契约总是能得到良好的维护。在这种情况下，理性选择模型强调当事人总是在一定约束条件下追求目标函数最大化。虽然新古典经济学简单假设只有在市场不受限制、完全信息及完全界定私人产权等条件下才能成立，然而，打破新古典经济学完全竞争市场理想化模型，对我们研究自然资源型产业转型升级理论与政策意义重大，尤其是在考虑沉淀成本和不确定性问题之后，更加有现实意义。在这种情况下，从沉淀成本角度剖析自然资源型产业可持续发展的理论依据，在于实施产业沉淀成本最小化，大力发展和重新使用各类资产，以接替原有枯竭产业，为自然资源型产业可持续发展奠定物质基础。由此提出一个最基本的问题：为什么曾经主导地区经济的自然资源型产业没有走向可持续发展？

在分析这一问题的过程中，我们需要超越新古典经济学的市场价格机制，提出不仅需要大力发展非市场制度，同时还需要注重有助于降低沉淀成本的公共政策，在进行微观经济分析的同时，尤其注意将市场、私人秩序和政府干预有机结合起来，避免简单的市场与政府两分法认识。例如，中央政府加大对采煤沉陷区治理的支持力度，考虑提高原国有重点煤矿历史遗留的采煤沉陷区的补助比例，以及建立资源开发补偿机制和衰退产业援助机制等。但不管怎样，我们都需要借助自然资源型产业现有的各类资源，包括人力资产和非人力资产，乃至基础设施等，将其重新利用起来，而不是让各类资产闲置另外发展接续产业。因此，自然资源型产业应该根据自己不同的约束条件，避免出现经济性、体制性、社会性和生态性沉淀成本，选择使资源型产业沉淀成本最小化的产业发展模式。这不仅有利于资源型地区的社会稳定，更主要的是可以创造就业机会，提高本地区收入水平，刺激本地区经济走可持续发展的道路，不至于产生经济衰退现象。这是发展接续产业的最终落脚点和归宿。

资源型地区的特点就是因自然资源的开发而兴起。随着资源开采的不断加剧、资源开采企业的逐渐老化，以及计划经济体制向市场经济体制转型，资源型地区出现了下岗失业人数庞大、人均收入下降、生态环境显著恶化，以及经济发展衰退等一系列问题，严重影响社会稳定和和谐社会的构建，并与以人为本的科学发展相违背。因此，我们试图提出最基本的经济问题：为什么有的国家或地区自然资源型产业转型成功，而有些国家或地区自然资源型产业转型失败？究竟是正式制度在起作用还是非正式制度在起作用？如何权衡市场与政府的理性边界？

通过剖析自然资源型产业转型，我们探讨经济性、体制性、社会性和生态性沉淀成本的形成过程及其后果，认为不仅需要大力采取市场价格制度，而且还需要采取非市场制度，政府，特别是地方政府，应制定良好的经济政策，尽力去发现经济转型中的完全信息或零交易成本假设的非现实性。当前，攸关可持续发展的生态环境和气候变化问题是人类社会面临的最大挑战，而低碳经济将成为减缓气候变化与实现可持续发展的主要途径和必由之路。低碳经济是以低能耗、低污染、低排放为基础的经济模式，核心是能源技术创新、制度创新和人类生存发展观念的根本性转变。资源型城市是因自然资源开发而兴起，并以资源开采为主导产业的城市，经济发展的高碳特征明显，经济转型是其实现可持续发展的必然要求，而低碳经济的兴起，无疑为自然资源型产业转型提供了新的发展机遇。总之，不论是制度创新，还是政策创新，不论是地方政府，还是中央政府，都需要把补偿或降低各类沉淀成本作为基本出发点，努力在"花钱买机制或制度"上下功夫。只有这样，才能加速自然资源型产业转型，创造一个资源充分流动（没有沉淀成本）的可持续发展环境。

资源型地区的计划经济色彩浓厚、重化工业比重大和国有经济占主导地位等初始条件，决定了其自然资源型产业在进行转型时必然出现显著的专用性物质资产和人力资产，从而产生经济性沉淀成本，因市场经济体制不完善导致体制性沉淀成本，因社会保障体制不健全造成社会性沉淀成本，以及资源环境恶化导致的生态性沉淀成本，对产业转型和可持续发展产生很大的阻碍。因此，自然资源型产业转型应在充分认识资源型城市特殊历史和计划经济体制的基础上，借鉴欧美国家的经济转型实践经验，规避资源型风险，加速我国自然资源型产业的转型。本书的基本观点是，由于信息不对称和交易成本的存在，政府和市场都是不完全的，所以还应重视政府和市场之外的组织或治理结构，并需解决所面临的新制度的供给、可信性承诺和相互监督等一系列问题。这是我们需要特别注意的地方，可以使我们摆脱简单的政府-市场简单两分法（dichotomy），深入分析私人秩序在传统产业转型升级中的重要性。因此，可以说对制度问题的关心，使我们重新进入行为主义的世界，降低交易成本和不确定性及减少沉淀成本成为研究的重点，也成为传统产业转型升级的关键因素。但是我们这么做并不是反对理性选择的概念，而是努力去理解个人理性与社会理性相一致问题，避免出现"囚徒困境"，这成为社会科学研究的重点内容。从经济理论创新方面看，通过对自然资源型产业组织进行微观分析，由新古典经济学向新制度经济学转变，详细论述零沉淀成本和正沉淀成本对自然资源型产业转型的影响，打破完全竞争市场，摆脱现有新古典经济学的局限性，突出人为或制度的因素影响，更加贴近自然资源型产业转型的现实。从政策或制度创新方面看，将降低或者补偿沉淀成本作为自然资源型产业转型的政策依据，这不仅需要相关的产业政策、财政政策和金融政策等政策支持，更需要大力完善和发展市场治理制度与非市场管理制度，其中，保护产权和契约自由、降低交易成本等作为最基本的制度保障，对解决自然资源型产业的沉淀成本问题十分重要，同时也为自然资源型产业的可持续发展提供了基本指导原则。关键在于加强沉淀成本与风险管理。

从目前自然资源型产业转型的状况来看，应重点注意以下几个方面：

首先，大力完善市场经济体制，发挥资源的市场配置功能。一方面，完善市场价格机制和竞争机制，形成合理的价格机制，倡导自由交易，为专用性资产提供更多重新"就业"的机会；另一方面，因资产专用性产生大量的交易成本，从而需要完善非市场制度，包括长期契约、垂直一体化，以及产权变革等，重新塑造市场微观当事人，完善市场价格机制和竞争机制，降低交易成本，从而提高专用性资产的价值。

其次，科学制定开发规划，及早调整产业结构，发展接续产业，注重自主治理结构。对于已经形成的资源型城市，要及早考虑城市资源枯竭后的发展方向。在资源开发尚处于增产期和稳产期时，资源型城市就应制定转型规划，发展接续产业，使单一产业结构向多元化发展，减少用于资源开发的专用性物质资产和人力资产的投入，限制产业发展规模。对濒临枯竭的矿山或企业要及时关闭，以尽快实现人员转移。在尚未进行大规模资源开发的地方，应根据资源开发区的综合条件，明确该地区的发展方向和开发强度，决定是将其仅仅作为资源生产和输出的矿区，还是发展成一座城市。

再次，加强对矿业职工的在职培训，鼓励个人自主创新。自然资源型产业的从业人员一般技能单一，文化水平较低，学习能力差，对原有产业依附性很强，很难适应新兴产业的需求。因此，要通过多种渠道和方式建立通用性和专用性技能培训中心，加大教育投资力度，提高员工的素质。根据城市发展需要和个人自愿，开展有针对性的职业技能培训，让从自然资源型产业退出的工人有一技之长，并为他们提供就业信息以促使其尽快就业；政府应制定鼓励个人自主创新和保护自主创新者利益的优惠政策，通过提供技术、资金、信息支持等手段扶持个人自主创新，发展接续产业。

最后，制定和实施适宜的产业金融调整和援助政策。资源型城市由于行业调整矛盾集中和城市自我调控能力有限，因此，制定产业调整援助方面的法律或政策非常必要。一方面要将资源型城市所在地的职工分流，迁往其他地区或在区外乃至国外寻找市场业务，另一方面要积极地实行就地就业转换。同时，引入循环金融概念，对绿色金融加以支持，最大限度地控制和减少资源、生态环境损耗，增加对环保产业和节能减排技术创新的信贷支持，从而促进经济与生态环境可持续发展机制建设。

此外，政府要加快社会保障体系建设，为所有的职工构筑社会安全保障网，而且要转变政府职能，提高服务质量，优化投资环境，从而既能引进大型企业，也能大力促进中小企业发展。

总之，我们发现：其一，当资产专用性（经济性沉淀成本）与资源型城市市场机制不完善相关时，需要大力完善市场价格制度；其二，当资产专用性无法降低并且非常重要时，需要采取长期契约、垂直一体化，甚至所有权调整等制度形式，通过降低交易成本（体制性沉淀成本）提高资产使用价值；其三，中央政府或地方政府的作用不可替代，更需要考虑专用性物质资产和人力资产投资的回收问题，解决社会性沉淀成本，尤其是生态性沉淀成本方面也极为重要。例如，制订在职职工培训计划、繁荣二手市场、加速折旧或者给予税收优惠等，避免出现经济垄断。只有将制度创新和政策创新着眼于自然资源型产业转型过程中的沉淀成本，才能有助于生产要素的充分流动。减少逆向选择和道德风险行为，一要加大对替代产业的金融支持力度，培育地区经济第二增长点；二要加大对替代产业配套产业的金融扶持，形成替代产业链条；三要加大非自然资源型产业金融支持力度，对非资源型接续产业进行有目的、有计划的信贷引导，使产业集群合理有序发展，形成多元的接续产业集群，进一步加快自然资源型产业转型，从而促进资源型地区经济健康、协调和可持续发展。

  需要指出的是，对于一般性传统产业，以上基本原理同样适用，同样需要处理好沉淀成本和不确定性问题。也就是说，如果没有沉淀成本，那么不确定性也无关紧要；反之，如果没有不确定性，那么沉淀成本也无关紧要。只有当沉淀成本与不确定性结合起来时，才显得特别重要。因沉淀成本产生的问题会造成传统产业转型升级困难，往往滞留在原有的发展路径中难以自拔；同样，不确定性的存在也会造成传统产业升级更加困难，提高转型成本。所以，加强沉淀成本管理和降低不确定性，以及完善制度设计，都会对传统产业转型升级起到促进作用，从而实现资源优化配置。

  政治经济学传统从 19 世纪晚期开始分割为经济学研究和政治学研究，这种分割使经济学家专注于市场活动，并将政治与制度结构假定为预先给定的；而政治科学家则致力于研究非市场状态下制度如何与个体互动，以及个体如何塑造制度。传统产业转型升级问题，并不仅仅是一个经济问题，它还是一个政治问题，政治制度会影响产业结构转型的经济绩效；反过来，经济学家的理性选择模型可以反思制度的形成、演化与维护，因此，跨学科研究对于传统产业转型升级更加有现实意义。

参 考 文 献

阿维纳什·K. 迪克西特. 2004. 经济政策的制定：交易成本政治学的视角. 刘元春译. 北京：中国人民大学出版社：33-39.

埃莉诺·奥斯特罗姆. 2000. 公共事务的治理之道. 余逊达，等译. 上海：上海三联书店：10-19.

埃里克·菲吕博顿，鲁道夫·瑞切特. 2006. 新制度经济学：一个交易成本分析范式. 姜建强，等译. 上海：上海三联书店，上海人民出版社：1-14.

奥利弗·E. 威廉姆森. 2002. 资本主义经济制度. 段毅才，等译. 北京：商务印书馆：80-84.

白福臣. 2006. 德国鲁尔区经济持续发展及老工业基地改造的经验. 经济师，(8)：91-92.

曹建海. 2002. 过度竞争论. 北京：中国人民大学出版社：1-5.

昌忠泽. 1997. 进入壁垒、退出壁垒和国有企业产业分布的调整. 经济理论与经济管理，(3)：8-13.

陈平. 2006. 新古典经济学在中国转型实验中的作用有限. 经济研究，(10)：96-107.

陈支农. 2004. 美德法如何改造老工业基地. 西部大开发，(3)：55-57.

丹尼尔·F. 史普博. 1999. 管制与市场. 余晖，等译. 上海：上海三联书店，上海人民出版社：48-55.

杜尚明，王志波. 2010. 锁定与反锁定安排：资源型城市产业转型与金融支持. 金融参考，(9)：65-67.

弗兰克·奈特. 2005. 风险、不确定性与利润. 王宇，等译. 北京：中国人民大学出版社：172-175.

高辉清. 2008. 效率与代际公平——循环经济的经济学分析与政策选择. 杭州：浙江大学出版社：96.

郭福华. 2004. 借鉴西欧国家成功经验 利用信息技术改造老工业地区. 当代通信，(14)：31-34.

郭砚莉，汤吉军. 2010. 东北老工业基地女性就业理论与对策研究. 东北亚论坛，(6)：98-105.

郭砚莉，汤吉军. 2011. 英国私有化的经验及其对我国国有企业改革的启示. 长白学刊，(1)：118-122.

胡魁. 2001. 中国矿业城市基本问题. 资源·产业，(5)：8-10.

黄新萍. 2001. 中国经济的转型发展与就业难题. 财经理论与实践，(4)：108-111.

江小涓. 1999. 经济转轨中增长、绩效与产业组织变化. 上海：上海三联书店，上海人民出版社：183-185.

姜春海. 2006. 资源型城市产业转型的财政政策扶持机制研究. 财经问题研究，(8)：36-41.

柯文. 1992. 鲁尔工业区的振兴及其启示. 管理世界，(2)：128-131.

李成军. 2005. 中国煤矿城市经济转型研究. 北京：中国市场出版社：265.

李诚固. 1996. 世界老工业基地衰退机制与改造途径研究. 经济地理，(2)：51-55.

李俊江，史本叶．2006. 国外老工业基地改造的措施与启示．经济纵横，(5)：34-37.

李胜．2010. 金融助推江西工业园区产业结构转型的路径选择研究．江西金融职业大学学报，(4)：20-22.

李咏梅．2005. 资源型城市的规避转型问题研究．当代财经，(7)：82-85.

辽宁工业转型研究课题组．1998. 借鉴法国洛林经验——加快辽宁工业转型．中国软科学，10：99-103.

《辽宁国土资源》编委会．1987. 辽宁国土资源．沈阳：辽宁人民出版社：1006-1007.

林毅夫．2012. 新结构经济学——反思经济发展与政策的理论框架．北京：北京大学出版社：9-66.

林毅夫，蔡昉，李周．1993. 论中国经济改革的渐进式道路．经济研究，(9)：3-11.

刘金友．2000. 我国资源型城市存在问题及出路．理论前沿，(14)：31-32.

刘世锦．2005. 垄断性行业改革如何深入．宏观经济研究，(3)：10-12.

刘晔．2009. 新中国成立以来山西能源基地和老工业基地发展研究．中共山西省委党校学报，(6)：51-53.

刘远航．2003. 东北老工业基地经济结构调整障碍及对策分析．经济学家，(12)：39-43.

罗伯特·斯基德尔斯基．2011. 重新发现凯恩斯．秦一琼译．上海：上海财经大学出版社：193-194.

马克思．1975. 资本论．第3卷．北京：人民出版社：34.

马克思，恩格斯．1960. 马克思恩格斯全集．第3卷．北京：人民出版社：31-32.

马克思，恩格斯．1972a. 马克思恩格斯全集．第23卷．北京：人民出版社：443-444.

马克思，恩格斯．1972b. 马克思恩格斯全集，第26卷．北京：人民出版社：176，182-183。

马震平．2003. 英国老工业基地改造经验——英国地区政策的基本架构与经验．经济管理文摘，(22)：31.

迈克尔·佩雷曼．1999. 经济学的终结．石磊，等译．北京：经济科学出版社：13.

彭建国．1994. 英国国有企业的改造．中国市场，(6)：23-25.

齐建珍．2004. 资源型城市转型学．北京：人民出版社：93-97.

齐建珍，白翎．2002. 新辽宁新概论．沈阳：沈阳出版社：5.

齐建珍，白翎．2003. 资源型城市发展接续产业研究．辽宁经济，(12)：34-37.

琼·罗宾逊，约翰·伊特韦尔．1997. 现代经济学导论．陈彪如译．北京：商务印书馆：5.

世界环境与发展委员会．1997. 我们共同的未来．长春：吉林人民出版社：52.

思拉恩·埃格特森．2004. 经济行为与制度．吴经邦，等译．北京：商务印书馆：9-15.

宋冬林，赵新宇．2006. 不可再生资源生产外部性的内部化问题——兼论资源税改革的经济学分析．财经问题研究，(1)：28-32.

宋冬林，赵新宇．2007. 引入资源税的世代交叠模型及其改进．吉林大学社会科学学报，(2)：86-92.

宋冬林，等．2001. 老工业基地国有企业深化改革研究．长春：长春出版社：21-34，89-98.

宋冬林，等．2009. 东北老工业基地资源型城市发展接续产业问题研究．北京：经济科学出版社：136-145.

宋梅，刘海滨．2006. 从莱茵-鲁尔区的改造看辽中南地区自然资源型产业结构升级．中国矿业，（7）：9-12.

隋忠诚．2006．东北老工业基地振兴的国际经验研究．吉林大学博士学位论文：41-43.

孙雅静．2006．资源型城市转型与发展出路．北京：中国经济出版社：6-12.

汤吉军．2010a．科学发展观的马克思主义经济学阐释．经济学家，（4）：5-12.

汤吉军．2010b．预期沉淀成本理论及其现实意义．学术月刊，（9）：81-88.

汤吉军．2010c．资产专用性、敲竹杠与新制度贸易经济学．经济问题，（8）：4-8.

汤吉军．2010d．企业研发投资的实物期权与产品定价机制分析．经济纵横，（9）：105-108.

汤吉军．2010e．资产负债表的宏观管理研究．经济管理，（9）：18-23.

汤吉军．2010f．可竞争市场理论及其对我国自然垄断行业改革的启示．产业经济评论，（2）：123-137.

汤吉军．2010g．马克思经济学视角下的可持续发展与制度创新．中国经济问题，（5）：3-9.

汤吉军．2012．制度变迁过程的历史沉淀成本效应研究．学术月刊，（2）：81-88.

汤吉军，陈俊龙．2011a．囚犯困境视角下的资源枯竭的博弈分析．管理世界，（7）：181-182.

汤吉军，陈俊龙．2011b．经济发展方式转变与制度创新．学海，（2）：97-101.

田霍卿．2000．资源型城市可持续发展的思考．北京：人民出版社：24-28.

田金玲．2006．资源型城市可持续发展的财税政策研究．东北财经大学硕士学位论文：30-43.

王青云．2003．资源型城市经济转型研究．北京：中国经济出版社：13-20，93-94.

王辛枫，王树林，周燕．1999．国外老工业基地改造与振兴的借鉴与思考．决策借鉴，（2）：23-25.

卫祥云．2013．国企改革新思路．北京：电子工业出版社：90-111.

吴树斌．2008．东北老工业基地利用外国直接投资问题研究．辽宁大学博士学位论文：25-26.

徐传谌，等．2005．东北老工业基地国有企业制度创新．长春：吉林大学出版社：105-112.

徐康宁，王剑．2006．自然资源丰裕程度与经济发展水平关系的研究．经济研究，（1）：78-89.

徐向国．2006．黑龙江省资源型城市转型进程与测度体系的研究．东北林业大学博士论文：96-143.

亚当·斯密．1997．国民财富的性质和原因的研究（下）．郭大力，王亚南译．北京：华夏出版社：27.

约瑟夫·阿洛伊斯·熊彼特．2009．积极发展理论——对利润、资本、信贷、利息和经济周期的探究．叶华译．北京：中国社会科学出版社：85.

于立，孟韬，姜春海．2003．资源型国有企业退出障碍与退出途径分析．中国工业经济，（10）：5-12.

约翰·凯恩斯．2012．就业利息货币通论．宋韵声译．北京：华夏出版社：214-215.

约瑟夫·斯蒂格利茨．2009．发展与发展政策．纪沫，等译．北京：中国金融出版社：13-14.

张冬冬．2009．国外资源型城市产业转型及其对我国的启示．资源与产业，（3）：8-11.

张雷．2004．矿产资源开发与国家工业化．北京：商务印书馆：233-234.

张米尔，武春友．2001．资源型城市产业转型障碍与对策研究．经济理论与经济管理，（2）：35-38.

张青，慕国庆，颜昌军．2003．资源耗竭型企业分类退出模式选择问题研究．管理世界，

（10）：147-148.

张嵩.2000.英国政府促进传统产业技术改造与创新的举措.全球科技经济瞭望，（12）：21-23.

张秀生，陈惠女.2009.我国典型资源型城市的可持续发展.武汉理工大学学报，（3）：36-38.

张秀生，陈先勇.2001.论中国资源型城市产业发展的现状、困境与对策.经济评论，（6）：96-99.

赵涛.2000.德国鲁尔区的改造——一个老工业基地改造的典型.国际经济评论，（Z2）：37-40.

赵霞.2008.建立和完善生态补偿机制额的财政思考.经济学动态，（11）：70-71.

中国科学院地理研究所.1989.世界钢铁工业地理.北京：冶金工业出版社：5-16.

朱德元.2005.资源型城市经济转型概论.北京：中国经济出版社：73-78.

朱迪·丽丝.2002.自然资源：分配、经济学与政策.蔡云龙，等译.北京：商务印书馆：55-77.

Akerlof G. 1970. The market for lemons：Quality uncertainty and the market mechanism. Quarterly Journal of Economics，89：488-500.

Arkes H，Blumer C. 1985. The psychology of sunk cost. Organizational Behavior and Human Decision Processes，35：124-140.

Arrow K J，Fisher A C. 1974. Environmental preservation, uncertainty, and irreversibility. Quarterly Journal of Economics，88（1）：312-319.

Auty R. 1993. Sustaining Development in Mineral Economies：The Resource Curse Thesis. London：Routledge：429-448.

Auty R. 1995. Industrial policy, sectoral maturation and postwar economic growth in Brazil：The resource curse thesis. Economic Geography，71（3）：257-272.

Auty R. 1997. Natural resource endowment, the state and development strategy. Journal of International Development，9（4）：651-663.

Auty R. 2001. Transition reform in the mineral-rich Caspian region countries. Resource Policy，27：25-32.

Bain J. 1956. Barriers to New Competition. Cambridge：Harvard University Press：1-25.

Barham B，Chavas J，Coomes O. 1998. Sunk costs and natural resource extraction sector. Land Economics，74（4）：429-448.

Barham B，Coomes O. 1994. Reinterpretating the Amazon rubber boom：Investment, state and Dutch disease. Latin American Research Review，29（2）：73-109.

Baumol W J，Panzar J C，Willig R D. 1988. Contestable Markets and the Theory of Industry Structure. San Diego：Harcourt Brace Jovanovich：3-16.

Baumol W J，Willig R O. 1981. Fixed costs, sunk costs, entry barriers and sustainability of monopoly. Quarterly Journal of Economics，96：405-431.

Brennan M，Schwartz E. 1985. A new approach to evaluating natural resource investments. Midland Corporate Finance Journal，3（1）：37-47.

Brunnschweiler C, Bulte E. 2008. The resource curse revisted and revised: A tale of paradoxes and red herrings. Journal of Environmental Economics and Management, 55 (3): 248-264.

Bryant J. 1984. Sunk costs, contestable markets, and long-term contracts. Public Finance Quarterly, 74 (4): 429-448.

Campbell R. 1985. Background for the uninitiated//Campbell R, Sowden L. Paradoxes of Rationality and Cooperation. Vancouver: University of British Columbia Press: 3-41.

Clark G L. 1993. Costs and prices, corporate competitive strategies and regions. Environment and Planning A, 25: 5-26.

Clark J M. 1923. Studies in the Economics of Overhead Costs. Chicago: University of Chicago Press: 3-12.

Clark W C, Munn R E. 1986. Sustainable development of the biosphere. Cambridge: Cambridge University Press: 1-25.

Coase H. 1960. The problem of social cost. Journal of law and Economics, 3: 1-44.

Coomes O, Barham B. 1994. The Amazon rubber boom: Labor control, resistance and failed plantation development revisited. Hispanic American Historical Review, 74 (2): 231-257.

Corden W. 1984. Booming sector and Dutch disease economics: Survey and consolidation. Oxford Economic Papers, 36 (3): 359-380.

Corden W, Neary J. 1982. Booming sector and deindustrialization in a small open economy. Economic Journal, 92: 825-848.

Demsetz H. 1967. Toward a theory of property rights. American Economic Review, 57: 347-359.

Dixit A. 1992. Investment and hysteresis. Journal of Economic Perspectives, 6: 107-132.

Dixit A, Pindyck R. 1994. Investment under Uncertainty. Princeton: Princeton University Press: 1-26.

Doeringer P B, Piore M J. 1971. Internal labor markets and manpower analysis. Lexington: D C Heath and Company.

Epstein L G. 1980. Decision making and the temporal resolution of uncertainty. International Economic Review, 21: 269-283.

Feinstein J, Stein J. 1988. Employment opportunism and redundancy in firms. Journal of Economic Behavior and Organization, 10: 401-414.

Fox S, Hoffman M. 2002. Escalation behavior as a specific case of goal-directed activity: A persistence paradigm. Basic and Applied Psychology, 24 (4): 273-285.

Gollier C, Jullien B, Treich N. 2000. Scientific progress and irreversibility: An economic interpretation of the "precautionary principle". Journal of Public Economics, 75: 229-253.

Grossman S, Hart O. 1986. The costs and benefits of ownership: A theory of vertical and lateral integration. Journal of Political Economy, 94 (4): 691-719.

Grout P. 1984. Investment and wages in the absence of binding contracts: A Nash bargining approach. Econometrica, 52 (2): 449-460.

Hardin G. 1968. The Tragedy of the commons. Science, 162: 1243-1248.

Hayek F A. 1945. The use of knowledge in society. American Economic Review, 35 (4): 519-530.

Heath C. 1995. Escalation and de-escalation of commitment in response to sunk costs. Organizational Behavior and Human Decision Processes, 62: 38-54.

Hotelling H. 1931. The economics of exhaustible resources. Journal of Political Economy, 39 (2): 137-175.

Kahneman D, Tversky A. 1979. Prospect theory: An analysis of decision under risk. Econometrica, 47: 263-291.

Karl T. 1997. The Paradox of Plenty: Oil Booms and Petro-states. Berkeley: California University: 25-32.

Klein B, Crawford R G, Alchian A. 1978. Vertical integration, appropriable rents, and the competitive contracting process. Journal of Law and Economics, 21: 297-232.

Klein B, Leffler K. 1981. The role of market forces in assuring contractual performance. Journal of Political Economy, 89: 615-641.

Knodia C, Bushman R, Dickhaut J. 1989. Escalation errors and the sunk cost effect. Journal of Accounting Research, 27: 59-77.

Kreps M, Wilson B. 1982. Sequential equilibria. Econometrica, 50: 863-894.

Krugman P. 1987. The narrow moving band, the Dutch disease, and the competitive consequences of Mrs. Thatcher. Journal of Development Economics, 27: 41-55.

McDonald R, Siegel D. 1986. The value of waiting to invest. Quarterly Journal of Economics, 101: 707-728.

Mikesell R. 1997. Explaining the resource curse, with special reference to mineral exporting countries. Resource Policy, 23 (4): 191-199.

Milgrom P, Roberts J. 1982. Predation, reputation, and entry deterrence. Journal of Economic Theory, 27 (2): 280-312.

Myers S. 1977. Determinants of corporate borrowing. Journal of Financial Economics, 5: 147-175.

Olson M. 1965. The Logic of Collective Action: Public Goods and the Theory of Groups. Cambridge: Harvard University Press: 4-19.

O'Riordan T. 1988. The politics of sustainability// Turner R K. Sustainable Environmental Development—Principles and Practice. London: Belhaven Press: 76-98.

Perrings C, Brock W. 2009. Irreversibility in economics. Annual Review of Resource Economics, 1: 219-238.

Pindyck R S. 1991a. Irreversibility, uncertainty, and investment. Journal of Economic Literature, 29: 1110-1152.

Pindyck R S. 1991b. Uncertainty, investment and industry evolution. International Economic Review, 37: 641-662.

Rawls J. 1971. A Theory of Justice. Cambridge: Harvard University Press: 1-18.

Robinson J, Torvil R, Verdier T, 2006. The political foundations of the resource curse. Journal of Development Economics，79：447-468.

Ross M. 1999. The political economy of the resource curse. World Politics，51（2）：297-322.

Ross M. 2001. Does oil hider democracy. World Politics，53（3）：325-361.

Rotemberg J，Saloner G. 1987. The relative rigidity of monopoly pricing. American Economic Review，77：917-926.

Sachs J，Warner A. 1995. Natural resource abundance and economic growth. NBER Working Paper：5398.

Sachs J，Warner A. 1999. The big push，natural resource booms and growth. Journal of Development Economics，59：43-76.

Sachs J，Warner A. 2001. The curse of natural resources. European Economic Review，45：827-838.

Staw B. 1976. Knee-deep in the big muddy：A study of escalating commitment to a chosen course of action. Organizational Behavior and Human Performance，16（1）：27-44.

Stigler G. 1968. The Organization of Industry. Homewood：Richard D. Irwin：1-25.

Torvik R. 2001. Learning by doing and the Dutch disease. European Economic Review，45：285-306

Trigeorgis L. 1996. Real Options：Managerial Flexibility and Strategy in Resource Allocation. Cambridge：MIT Press：1-34.

Van Wijnbergen S. 1984. The dutch disease：A disease after all. Economic Journal，94：41-55.

Wang X，Yang B. 2001. Fixed and sunk costs revisited. Journal of Economic Education，32：178-185.

Waters C. 1986. Adaptive Management of Renewable Resource. New York：Macmillan：213-224.

Weiss C. 2003. Scientific uncertainty and science based precaution. International Environment Agreement：Politics，Law and Economics，3：137-166.

Whyte G. 1993. Escalating commitment in individual and group decision making：A prospect theory approach. Organizational Behavior and Human Decision Processes，54（3）：430-455.

Williamson O E. 1975. Markets and Hierarchies：Analysis and Antirtust Implications. New York：Free Press：76-90.

Williamson O E. 1985. The Economic Institutions of Capitalism. New York：Free Press：85-89.

Williamson O E. 1991. Comparative economic organization：The analysis of discrete structural alternatives. Administrative Science Quarterly，36（2）：269-296.

Williamson O E. 1995. Some uneasiness with the Coase theorem：Comment. Japan and the World Economy，7：9-11.

国务院关于促进资源型城市可持续发展的若干意见（国发〔2007〕38号）

各省、自治区、直辖市人民政府，国务院各部委、各直属机构：

资源型城市（包括资源型产业）是以本地区矿产、森林等自然资源开采、加工为主导产业的城市类型。长期以来，作为基础能源和重要原材料的供应地，资源型城市为我国经济社会发展做出了突出贡献。但是，由于缺乏统筹规划和资源衰减等原因，这些城市在发展过程中积累了许多矛盾和问题，主要是经济结构失衡、失业和贫困人口较多、接续替代产业发展乏力、生态环境破坏严重、维护社会稳定压力较大等。加大对资源型城市尤其是资源枯竭城市可持续发展的支持力度，尽快建立有利于资源型城市可持续发展的体制机制，是贯彻落实科学发展观、构建社会主义和谐社会的要求，也是当前保障能源资源供给、保持国民经济持续健康协调发展的重要举措。为此，现提出以下意见。

一 促进资源型城市可持续发展的指导思想、基本原则和工作目标

指导思想：以邓小平理论和"三个代表"重要思想为指导，全面贯彻落实科学发展观和构建社会主义和谐社会的战略思想，以增加就业、消除贫困、改善人居条件、健全社会保障体系、维护社会稳定为基本目标，以深化改革、扩大开放和自主创新为根本动力，制定强有力的政策措施，不断完善体制机制，大力推进产业结构优化升级和转变经济发展方式，培育壮大接续替代产业，改善生态环境，促进资源型城市经济社会全面协调可持续发展。

基本原则：一是坚持深化改革，扩大开放。建立健全资源开发补偿机制和衰退产业援助机制，积极引进外部资金、技术和人才，拓展资源型城市发展空间。二是坚持以人为本，统筹规划。努力解决关系人民群众切身利益的实际问题，实现资源产业与非资源产业、城区与矿（林）区、农村与城市、经济与社会、人与自然的协调发展。三是坚持远近结合，标本兼治。着眼于解决资源型城市存在的共性问题和深层次矛盾，抓紧构建长效发展机制，同时加快资源枯竭城市经济转型，解决好民生问题。四是坚持政府调控，市场导向。充分发挥市场配置资源的基础性作用，激发各类市场主体的内在活力；政府要制定并完善政策，积极进行引导和支持。

工作目标：2010年前，资源枯竭城市存在的突出矛盾和问题得到基本解决，

大多数资源型城市基本建立资源开发补偿机制和衰退产业援助机制，经济社会可持续发展能力显著增强。2015 年前，在全国范围内普遍建立健全资源开发补偿机制和衰退产业援助机制，使资源型城市经济社会步入可持续发展轨道。

二 建立健全资源型城市可持续发展长效机制

建立资源开发补偿机制。在资源开采过程中，遵循市场规律，采取法律、经济和必要的行政措施，引导和规范各类市场主体合理开发资源，承担资源补偿、生态环境保护与修复等方面的责任和义务。要按照"谁开发、谁保护，谁受益、谁补偿，谁污染、谁治理，谁破坏、谁修复"的原则，明确企业是资源补偿、生态环境保护与修复的责任主体。对资源已经或濒临枯竭的城市和原中央所属矿业、森工企业，国家给予必要的资金和政策支持，帮助解决历史遗留问题，补偿社会保障、生态、人居环境和基础设施建设等方面的欠账。

建立衰退产业援助机制。资源型城市要统筹规划，加快产业结构调整和优化升级，大力发展接续替代产业，积极转移剩余生产能力，完善社会保障体系，加强各种职业培训，促进下岗失业人员实现再就业，解决资源型企业历史遗留问题，保障资源枯竭企业平稳退出和社会安定。对资源已经或濒临枯竭的城市，各级人民政府要施行有针对性的扶持政策，帮助解决资源枯竭矿山（森工）企业破产引发的经济衰退、职工失业等突出矛盾和问题。

完善资源型产品价格形成机制。要加快资源价格改革步伐，逐步形成能够反映资源稀缺程度、市场供求关系、环境治理与生态修复成本的资源型产品价格形成机制。科学制定资源型产品成本的财务核算办法，把矿业权取得、资源开采、环境治理、生态修复、安全设施投入、基础设施建设、企业退出和转产等费用列入资源型产品的成本构成，完善森林生态效益补偿制度，防止企业内部成本外部化、私人成本社会化。

三 培育壮大接续替代产业

以市场为导向，以企业为主体，大力培育发展接续替代产业。有关部门和省级人民政府要因地制宜，加强指导，协助资源型城市寻求切合实际、各具特色的发展模式。对资源开采处于增产稳产期的城市，要制订合理的开采计划，运用新技术、新工艺，提高资源采收率，发展上下游产业，拉长产业链条，提高资源利用效率，把资源优势转化为经济优势，同时要积极培育新兴产业。对资源开采开始衰减的城市，要加强资源综合评价，开发利用好各种共伴生资源，充分挖掘本地资源潜力，拓宽资源开发领域，重视开发利用区外、境外资源，为本地资源型企业寻找后备基地，同时抓紧培育发展成长性好、竞争力强的接续替代产业。对于资源已经或濒临枯竭的城市，要选择好产业转型方向，重点用高新技术、先进适用技术改造传统产业，因地制宜，尽快形成新的主导产业。有关部门在规划重大产业项目布局时，要适当向资源枯竭城市倾斜，帮助其加快培育新的经济增长点。

鼓励有条件的资源型城市组织开展农业产业化经营，延长农业产业链条，积极探索农业资源保护和合理利用的有效途径。加快发展第三产业，积极发展流通业，支持将具备条件的资源型城市建设成为区域性物流中心。

四 着力解决就业等社会问题

坚持就业优先的原则，努力为失业人员和新增劳动力就业创造条件。资源型城市要积极贯彻落实党中央、国务院关于加强就业再就业工作的一系列部署，认真执行职业介绍、职业培训、社会保险补贴、小额担保贷款等就业再就业扶持政策，支持下岗失业人员再就业。加大对资源型城市职业教育的支持力度，职业教育实训基地建设专项资金要向资源型城市适当倾斜，中央和地方设立的中等职业教育助学金要对资源枯竭城市的家庭经济困难学生给予必要的倾斜支持。大力开发公益性工作岗位，健全就业服务体系，优先解决"零就业家庭"就业问题。鼓励自主创业和企业吸纳就业，对下岗失业人员从事个体经营以及吸纳下岗失业人员符合条件的企业，按规定享受有关优惠政策。支持大中型资源开采企业通过主辅分离、辅业改制等渠道，妥善分流安置职工。鼓励资源已经或濒临枯竭的企业整体或部分搬迁到其他地区开发新资源，带动本企业职工异地就业。鼓励承载现有人口确实困难的资源枯竭城市的居民易地就业或迁移到其他地区，迁出、迁入地人民政府要积极为移民的搬迁、生活和就业等提供便利条件。

采取有效措施努力消除资源枯竭城市的贫困代际传递现象。对资源枯竭城市中享受城市居民最低生活保障政策的家庭义务教育阶段学生，实行"两免一补"政策。进一步完善基本养老、失业、基本医疗等社会保险制度，扩大覆盖面，保证各项社会保险金按时足额支付。完善社会救助制度，对符合条件的贫困人群按规定及时给予救助。防止在企业破产、改制过程中发生侵害人民群众合法权益的事件，维护社会稳定。

抓紧改造棚户区。继续支持东北地区加快完成棚户区改造，同时研究解决其他地区资源型城市棚户区改造问题。对难以实现商业开发的棚户区改造，中央政府给予适当支持，主要用于新建小区内部和连接市政公共设施的供排水、供暖、供气、供电、道路的外部基础设施，以及配套学校、医院的建设。棚户区的拆迁安置应符合有关法律法规及政策要求，考虑低收入居民的实际困难，地方人民政府及企业给予适当补助。切实加强改造后住宅区的管理和服务工作，巩固改造成果。

五 加强环境整治和生态保护

加大资源型城市基础设施建设投资力度，增强和完善城市功能，创造宜居环境。对政策规定的环境补偿和整治资金，企业要足额提取和安排，政府要足额征收和安排，并确保专款专用，管好用好。做好土地复垦规划，从征收的土地复垦费中拨出一部分资金，加大矿山废弃土地的复垦力度。科学编制水资源规划，合理配置水资源，统筹协调生活、生产和生态用水。有关部门在安排土地开发整理项目和天然林保护、退耕还林、防护林、小流域治理、水土保持等生态治理工程时，适当向资源型城市倾斜。

加强深部采空区、特大型矿坑对地质结构、地下水文造成危害的基础性研究，制定治理办法。继续做好采煤沉陷区治理，抓紧组织治理废弃的露天矿坑、矸石山等重大地质灾害隐患，有效预防矸石山自燃和坍塌等事件发生。加大对石油开采造成的水位沉降漏斗、土地盐碱化等问题的治理力度。继续巩固"天保"工程成果，调减木材产量，完善配套政策。加快公益林和商品林建设，保护生态环境。按照"谁治理，谁受益"的原则，积极引导社会力量参与矿山环境治理。有关地方人民政府和企业可研究组建专业化矿区治理公司，依托其研究制订矿山治理规划并组织实施。

新建矿区要认真借鉴和吸取历史经验教训，着眼长远，科学规划，合理布局，严格界定生产和生活区。加强对矿山资源开发规划和建设项目的环境影响评价工作，制订资源开发环评内容、标准和规范。资源开采前必须进行生态破坏和经济损失专项评估，对可能造成严重生态破坏和重大经济损失的，应禁止开采；经评估可以开采的，应采取有效防范措施。加强对资源开采活动的环境监理，切实预防环境污染和生态破坏。

推广先进适用的开采技术、工艺和设备，提高矿山回采率、选矿和冶炼回收率及劳动生产率，减少物资能源消耗和污染物排放，提高产品附加值。大力推进共伴生资源和尾矿、废弃物综合利用。在油气开采与加工、煤炭采掘与转化及其他矿业开采与加工企业中，大力推广清洁生产技术，积极发展循环经济。对于符合循环经济要求的企业和项目，各级人民政府可给予一定的投资补贴和优惠政策支持。

六 加强资源勘查和矿业权管理

加强对资源型城市现有矿区周边及深部矿业权的管理，根据矿产资源规划组织编制矿区规划和矿业权设置方案。原矿区深部及周边的资源勘查，经批准可由原矿业企业中技术装备先进、资源回收利用率高的大型矿业企业以协议出让方式获取矿业权并进行勘查。允许矿业企业的矿产资源勘查支出计入矿产品成本。进一步做好危机矿山接替资源找矿工作，加大对矿业企业接替资源预查和普查的支持力度，引导矿业企业出资完成详查和勘探，增强危机矿山的资源保障能力。

对于新发现矿区，在以市场竞价方式有偿取得探矿权、采矿权的原则下，优先支持资源枯竭城市的矿业企业开发。省际之间的异地资源开发，由国务院有关部门协调。省（区、市）内的异地资源开发，由省（区、市）人民政府协调。

七 加大政策支持力度

中央和省级财政要进一步加大对资源枯竭城市的一般性和专项转移支付力度。2007～2010年，设立针对资源枯竭城市的财力性转移支付，增强其基本公共服务保障能力，重点用于完善社会保障、教育卫生、环境保护、公共基础设施建设和专项贷款贴息等方面。具体方案和首批资源枯竭城市界定名单分别由财政部和发展改革委、国土资源部、振兴东北办另行上报国务院。

改革资源税制度，完善资源税计税依据，调整资源税负水平，加强资源税的征收管理，增加资源开采地的财政收入。

结合建立矿山环境治理恢复保证金制度试点，研究建立可持续发展准备金制度，由资源型企业在税前按一定比例提取可持续发展准备金，专门用于环境恢复与生态补偿、发展接续替代产业、解决企业历史遗留问题和企业关闭后的善后工作等。地方各级人民政府要按照"企业所有、专款专用、专户储存、政府监管"的原则，加强对准备金的监管，具体办法由各地根据实际情况制定。

鼓励金融机构在防范金融风险的前提下，设立促进资源型城市可持续发展专项贷款，加大对资源型城市和资源型企业的支持力度，积极为资源型城市各类企业特别是中小企业提供金融服务。

东北地区是资源型城市较为集中的区域。要把促进资源型城市可持续发展作为振兴东北地区等老工业基地的一项重要任务。在未来5年内，安排一部分国债资金和中央预算内基本建设资金，集中扶持东北地区资源型城市建设一批能够充分吸纳就业、资源综合利用和发展接续替代产业的项目。财政部门要加大支持力度，帮助东北地区和中西部地区资源枯竭城市解决厂办大集体、企业办社会等历史遗留问题。

八 明确任务，落实责任

资源型城市的可持续发展工作由省级人民政府负总责。转型试点市人民政府要抓紧做好转型规划，提出转型工作的具体方案并组织实施。要把解决失业问题、消除贫困、健全社会保障体系、棚户区搬迁改造、采煤沉陷区治理、环境整治与生态保护等工作情况，作为今后一段时期资源型城市各级人民政府主要领导干部综合考核评价的重要内容。

国务院有关部门要切实履行职责，帮助资源型城市解决经济社会发展和生态环境建设中的突出矛盾和问题，抓紧研究落实配套的政策措施；要加强协调配合，建立协商机制，发挥合力，共同推进。

资源型企业要深化改革，加快自主创新，强化资源节约和环境保护意识，切实承担社会责任。经济效益较好的企业要及时主动地解决历史遗留问题，增强发展后劲。具备条件的企业要积极谋划和开发异地后备资源，发展相关产业，做好资源枯竭时的顺利转产准备。各地区、各部门要充分认识促进资源型城市可持续发展工作的重要性、紧迫性和艰巨性，抓紧将有关政策措施落到实处，务求实效，努力开创资源型城市全面、协调和可持续发展的新局面。

国务院办公厅关于在全国范围内开展厂办大集体改革工作的指导意见（国办发〔2011〕18 号）

上世纪七八十年代，一些国有企业资助兴办的向主办企业提供配套产品或劳务服务的厂办大集体，对发展经济和安置回城知识青年、职工子女就业发挥了重要作用。但随着国有企业改革的不断深化和社会主义市场经济的发展，这些企业产权不清、机制不活、人员富余、市场竞争力弱等问题日益突出，大量企业停产、职工失业。为积极稳妥解决厂办大集体问题，促进社会和谐稳定，国务院 2005 年批准在东北地区选择部分城市和中央企业进行厂办大集体改革试点，目前试点工作已取得初步成效，试点政策逐步完善，具备了在全国范围内推广的条件。经国务院同意，现就在全国范围内实施厂办大集体改革提出如下指导意见：

一 总体目标和基本原则

（一）总体目标。从 2011 年开始用 3～5 年的时间，通过制度创新、体制创新和机制创新，使厂办大集体与主办国有企业彻底分离，成为产权清晰、面向市场、自负盈亏的独立法人实体和市场主体；职工得到妥善安置，职工合法权益得到切实维护。

（二）基本原则。坚持从实际出发，着力化解主要矛盾，解决重点问题；坚持分类指导，通过多种途径安置职工，处理好劳动关系和社会保险关系；坚持统筹兼顾各方面的承受能力，由厂办大集体、主办国有企业、地方财政和中央财政共同分担改革成本。

二 改革方式

（三）对能够重组改制的厂办大集体，可按照公司法和原国家经贸委等八部委《关于国有大中型企业主辅分离辅业改制分流安置富余人员的实施办法》（国经贸企改〔2002〕859 号）等有关法律法规和政策规定，通过合资、合作、出售等多种方式，改制为产权清晰、面向市场、自负盈亏的独立法人实体。

（四）对不具备重组改制条件或亏损严重、资不抵债、不能清偿到期债务的厂办大集体，可实施关闭或依法破产。

三 有关资产和债权债务处理

（五）厂办大集体长期使用的主办国有企业的固定资产，可无偿划拨给厂办大集体，可以用于安置职工。对厂办大集体改制过程中发生的资产置换以及土地、房产、车辆过户等各项税费，可按现行有关规定给予减免。

（六）厂办大集体使用的主办国有企业的行政划拨土地，经所在地县级以上人民政府批准，可将土地使用权与主办国有企业分割后确定给厂办大集体以划拨方式使用。不符合划拨用地目录条件的，应依法办理土地有偿使用手续。土地出让收益可用于安置职工。

（七）厂办大集体与主办国有企业之间在规定的时间内发生的债权、债务可进行轧差处理。轧差后主办国有企业欠厂办大集体的债务，由主办国有企业予以偿还；轧差后厂办大集体欠主办国有企业的债务，在厂办大集体净资产不足以安置职工时，由主办国有企业予以豁免，并按规定程序报批后冲减国有权益。

（八）厂办大集体拖欠职工的工资等债务，要按照实事求是的原则依法认定，制订债务清偿计划，通过资产变现等方式积极筹集资金偿还。拖欠的金融债务，要明确债权债务关系，落实清偿责任，不得以改制为名逃废债务。

四 职工安置和劳动关系处理

（九）厂办大集体改制、关闭或破产的，应依法妥善处理与在职集体职工的劳动关系。与在职集体职工解除劳动关系的，应依法支付经济补偿。

（十）对在主办国有企业工作10年以上、已经与主办国有企业形成事实劳动关系的厂办大集体在职集体职工，主办国有企业要与其进行协商，依法与其签订劳动合同，或按照厂办大集体在职集体职工的安置政策予以安置。

（十一）对在厂办大集体工作或服务的主办国有企业职工，已与厂办大集体签订劳动合同的，可按照厂办大集体在职集体职工安置政策予以安置；未与厂办大集体签订劳动合同的，由主办国有企业妥善安置。

（十二）对距法定退休年龄不足5年（含5年）或工龄已满30年、再就业有困难的厂办大集体在职集体职工，可实行企业内部退养，发放基本生活费，并按规定继续为其缴纳社会保险费，达到退休年龄时正式办理退休手续。具体办法由地方人民政府、主办国有企业和厂办大集体协商确定。

（十三）对再就业有困难且接近内部退养年龄的厂办大集体在职集体职工，在解除劳动关系时，经企业与职工协商一致，可以签订社会保险缴费协议，由企业为职工缴纳基本养老保险费和职工基本医疗保险费，代替支付经济补偿金或生活补助费。缴费方式、缴费期限及具体人员范围等由当地人民政府确定。

（十四）厂办大集体可用净资产支付解除在职集体职工劳动关系的经济补偿金。净资产如有剩余，剩余部分作为主办国有企业持有改制企业的股权，也可向改制企业的员工或外部投资者转让，转让收益归主办国有企业所有。

（十五）厂办大集体净资产不足以支付解除在职集体职工劳动关系经济补偿金的，差额部分所需资金由主办国有企业、地方财政和中央财政共同承担。其中，对地方国有企业兴办的厂办大集体，中央财政补助50%；对中央下放地方的煤炭、有色、军工等企业兴办的厂办大集体，中央财政补助100%；对中央企业兴办的厂办大集体，中央财政将根据企业效益等具体情况确定补助比例，原则上不超过50%。中央财政补助资金可统筹用于安置厂办大集体职工。

（十六）对厂办大集体改革进度快、实施效果好的城市，中央财政将按照"奖补结合"的原则，提高对地方国有企业兴办的厂办大集体的补助比例。在2011年底前完成改革的，中央财政补助80%；2012年底前完成改革的，中央财政补助70%；2013年底前完成改革的，中央财政补助60%；2014年及以后完成改革的不予奖励。

五 社会保障政策

（十七）厂办大集体职工与企业解除劳动关系后，就业扶持政策按国家有关规定执行，并按规定接续各项社会保险关系，符合条件的，享受相应的社会保险待遇。

（十八）厂办大集体与职工解除劳动关系前，欠缴的各项社会保险费用，应足额补缴。个人欠缴部分由个人补齐；企业欠缴部分，经有关部门认定后，可制定补缴计划，分期补缴，但企业缴费划入职工个人账户部分和职工个人缴费部分应一次性补齐。关闭、破产的厂办大集体确实无法通过资产变现补缴的基本养老保险欠费，除企业缴费中应划入职工养老保险个人账户部分外，可按有关规定报经批准后核销。

（十九）对未参加基本养老保险的厂办大集体在职集体职工和退休人员，各地要根据实际情况，采取切实措施，按照自愿原则，纳入基本养老保险范围，并根据未参保人员的负担能力和年龄情况合理确定缴费标准。

（二十）厂办大集体的困难职工，凡符合城市居民最低生活保障条件的，应按规定纳入最低生活保障范围，切实做到应保尽保。

六 工作要求

（二十一）实施厂办大集体改革的城市和中央企业要制订切实可行的改革方

案和维护社会稳定的措施。中央企业厂办大集体改革方案的制订，应与所在地人民政府充分协商，妥善衔接，慎重决策。地方国有企业厂办大集体改革方案由相关省（区、市）人民政府审批，报财政部、国资委、人力资源社会保障部备案；中央企业厂办大集体改革方案由国资委、人力资源社会保障部联合审批，报财政部备案。

（二十二）厂办大集体改革必须严格执行国家有关规定，认真履行企业改革的各项工作程序，做细做实企业性质界定、职工身份确认、资产清查、审计评估等各项工作。要通畅各种职工诉求表达渠道，充分听取职工和工会意见，不断完善企业改革方案。企业资产、负债等主要财务指标的财务审计、资产评估结果，要向广大职工公开，接受职工民主监督。要严格审批制度，凡未按程序批准或决定的，一律不得实施改革。

（二十三）厂办大集体改革工作涉及面广，情况复杂，工作难度大，各有关地区、部门和中央企业要高度重视，加强组织领导，成立由有关负责同志牵头的改革工作领导小组，明确职责分工，周密安排，积极配合，在确保稳定的前提下，积极稳妥地完成改革工作。

后 记

本书得以出版，首先要感谢国家软科学出版项目的资助，有幸被纳入"中国软科学研究丛书"，对我来说是一个极大的鼓舞。此外本书还得到了教育部人文社会科学重点研究基地吉林大学中国国有经济研究中心、吉林大学"985"工程项目，以及国家社会科学基金重大项目（13&ZD022）的资助，在此一并表示感谢。

还要感谢科学出版社的汪旭婷，特别是石卉、王昌凤编辑，她们耐心、细心、虚心的态度感染了我，激发了我出版这本书的信心和勇气，使我不断地去完善书稿。如果没有她们的热心支持，这本书是难以面世的。

由于本书完稿时间较早，加之案例及文献方面的问题，经历了多次修改，之前确实无法想象出一本像样的书有这么辛苦。看似寻常最奇崛，成如容易却艰辛。可见，很多事情真的无法做到一蹴而就。正如本书，虽然尽力去完善，仍可能存在诸多不足之处，敬请各位读者批评指正。

汤吉军

2014 年 5 月